他们影响了中国

共和国75位科学家的故事（一）

董恒波　著

文心出版社

·郑州·

图书在版编目（CIP）数据

他们影响了中国 : 共和国 75 位科学家的故事 . 一 / 董恒波著 . — 郑州 : 文心出版社 , 2023.11
ISBN 978-7-5510-2785-4

Ⅰ . ①他… Ⅱ . ①董… Ⅲ . ①科学家 – 生平事迹 – 中国 – 现代 – 少儿读物 Ⅳ . ① K826.1-49

中国国家版本馆 CIP 数据核字 (2023) 第 113239 号

他们影响了中国：共和国 75 位科学家的故事（一）
TAMEN YINGXIANG LE ZHONGGUO: GONGHEGUO 75 WEI KEXUEJIA DE GUSHI（YI）

出 版 人	田明旺		责任校对	贾利娟
项目统筹	马 达		美术编辑	左清敏
选题策划	栗军芬		封面设计	陆春美
执行策划	王 莹		插 画	何龙芬
责任编辑	王 莹　刘斌霞		书籍设计	力源设计
文字编辑	弓婧雯			

出 版	文心出版社	
	（地址：郑州市郑东新区祥盛街 27 号　邮政编码：450016）	
发 行	新华书店	
印 刷	河南省广电传媒印务有限公司	
版 次	2023年11月第1版	
印 次	2023年11月第1次印刷	
开 本	710毫米×1000毫米　1/16	
印 张	14	
字 数	160千字	
书 号	ISBN 978-7-5510-2785-4	
定 价	49.80元	

如发现印、装质量问题，请与印刷厂联系调换。　电话：0371—60609319

目 录

创作手记

丁颖：中国现代稻作科学主要奠基人

丁颖（1888～1964），农业科学家，中国现代稻作科学主要奠基人。他创立了水稻品种多型性理论，为品种选育、良种繁育奠定了理论基础，2009年被授予新中国成立60周年"三农"模范人物荣誉称号。

攻读农艺

丁颖出生于广东茂名一个普通的农民家庭。生在农村，童年时的丁颖非常了解农民一年到头勤耕力种，却还是经常饿肚子的情况。

他问父亲："咱们起早贪黑，天天在田地里劳动，怎么打下的粮食还是这么少呢？"

父亲苦笑着说："啥原因？咱们的耕种方式太落后了，种子也不行，农民出再多力，产量也提不高。"

"等我长大后，我要研究农业，研究种子，让田地打出更多粮食！"

"好孩子，我就盼着你能给咱农民办实事呢！"

一粒研究农业的"种子"在年少的丁颖心里发了芽。时间过得飞快，一转眼丁颖就要高中毕业了。老师告诉他一个好消息："丁颖，你不是一直想学农业科学吗？日本在这方面很有研究，正好现在省里准备选派学生到日本留学，你想不想去？"

"去日本留学，学农业？我想去！可是，我拿不出学费……"丁颖面露愁容。

"别急，县里有公费留学的名额，不过需要通过严格的考试。"老师说。

"考试我不怕，我去试试！"

最终，丁颖以优异的成绩通过了考试，拿到公费去日本留学的名额。到日本后，他刻苦学习日语，后来又考上东京帝国大学农学部攻读农艺，成为该校第一位研修稻作学的中国留学生。

1924年，他获得了学士学位。这一年，他36岁。

保稻种和甘薯苗

丁颖毕业后，回到祖国。他想在家乡茂名建一个育种场。办育种场是需要经费的，政府部门的经费总是拖欠，于是，丁颖就把自己的工资拿出来，作为经费。就这样，中国第一个稻作专业研究机构——南路稻作育种场诞生了。

"你把钱都花在育种场了，咱们家吃什么？难道要喝西北风吗？"家人对丁颖很有意见。

丁颖笑了："育出了好种子，农民们就能多打粮食，大家都有饭吃，就不用喝西北风喽！"

他每天在育种场刻苦研究观察，精心选育优良稻种，改进栽培技术。后来，丁颖被破格调任到广东大学农业科学院（中山大学农学院前身）任教授，从教授做到院长。

七七事变爆发后，日军入侵广州，丁颖所在的中山大学决定西迁云南，到大后方去办学。那是一段非常紧张的日子，老师和学生们都在抓紧收拾生活用品和学习书籍。临出发前，丁颖却不见了。

他能去哪儿呢？人们在宿舍、教室、办公室里都没有找到丁颖的身影。这时，一个熟悉丁颖的学生对大家说："不用找了，他肯定在试验田里，忙着将试验用的稻种和甘薯苗打包呢！"

果然，在学校的试验田里，大家看见了正在忙碌的丁颖。

"来来，大家帮把手，把这些稻种和甘薯苗都带走，不能留给鬼子。"丁颖抬起身招呼大家。

有人来劝他："丁教授呀，这都啥时候了，咱们得先保命呀！"

丁颖嘿嘿一笑："保稻种和甘薯苗才是大事，这才是我的命根子呀！"

被土匪打劫

战乱年代，民不聊生，时常有土匪盗贼出没。位于粤北山区的中山大学，也常有师生被抢劫偷盗的事情发生。

丁颖任中山大学农学院院长时，上下班要经过一个偏僻荒凉的山沟。这天，他在山路上走着，突然被藏匿在树丛中的两个土匪拦了下来。

"把钱留下，痛快点儿！"一个高个子土匪恐吓丁颖。

"我身上真的没有钱呀！"丁颖看了看前面的两个人，冷静地说。

"别耍花招，要钱还是要命？你选一个！"另一个矮个子家伙朝丁颖挥了挥手里的尖刀。

丁颖看着刺眼的尖刀，下意识地把随身携带的公文包举了起来。其实土匪早就看中了这个鼓鼓囊囊的公文包。

"哈哈，这个包里装的肯定都是值钱的东西！"

"这里面都是文件，你们要了也没有用。"丁颖边说边用手护着公文包。

"少废话，快给我们！"

土匪不由分说，上前一把将丁颖的公文包夺过，然后撒腿就跑了。院长被土匪打劫一事很快就惊动了当地警方。当地一位政府官员来到学校，看望丁颖："盗匪行窃，惊吓住先生了，卑职特来赔罪，并奉上菲薄慰问金，请笑纳。"丁颖看到钱，非常高兴，连声称谢："给农民防治牛瘟买兽药，正缺钱呢，这回不愁了！"他自己一分钱都没有留，让学生们赶紧拿走买药。

有意思的是，两个打劫的土匪回去发现公文包里面都是文件材料，就主动把它寄还给了丁颖，里面还附了一封道歉信呢。

不搞特殊化

1957年，丁颖出任中国农业科学院首任院长，兼华南农学院院长。时任广东省委书记的陶铸对农业问题非常重视，经常与丁颖交谈，听取他对广东农业生产的意见。

一个星期天，陶铸带秘书来到华南农学院。

"请问，你们丁院长的家在哪儿？"秘书问一个正在修剪草坪的园丁。

"前面左拐的那个平房就是。"

见丁颖住在非常简陋的民居里，厨房、卧室在一个房间里，连个简单的会客厅也没有，陶铸深受触动："丁院长，您的居住条件太差啦，这会影响您的工作的。"

"和学校的其他教职工比，我这个条件已经不错了。"丁颖笑着说。

"您可是少有的农业专家呀，生活条件好一些，是应该的。您不便说，我可以告诉有关部门，让他们出面，帮您另建一处条件好一点儿的新居。"陶铸说得很真诚。

"陶书记可不要说！等大家的居住条件都改善了，我再换房子也不迟。来吧，咱们俩还是谈一下农业问题吧！关于育种的问题，我还真的请您当靠山呢！"

丁颖就是这样严格要求自己，绝不搞特殊化。后来，他的女儿想报考华南农学院，但差 2 分未上录取分数线。女儿求他："爸爸，以你的身份帮我说说肯定行。"

他摇了摇头："这个话我可不能说，考试就得一视同仁，不能搞特殊！"

英名长存人间

"谁知盘中餐，粒粒皆辛苦。"一粒粒看似不起眼的稻谷，浸透着丁颖辛勤的汗水和心血。

1963 年，丁颖已经 75 岁了，却仍坚持工作在一线。家人和同事多次劝他休息，他总是说："我身体没问题，你们不用担心！"

这一年，农业科学院要组织一批专家去考察西北地区的水稻生长情况，考虑到丁颖年纪大了，没有安排他参加。

丁颖生气了："这次考察，我不仅要参加，还要亲自带队呢。"

"丁院长，这次的考察路线，是内蒙古、宁夏、甘肃、新疆等地，全是条件非常艰苦的地方。"

丁颖一笑："艰苦怕什么？我还不服你们年轻人呢！"

他带队考察的几个月时间里，马不停蹄，跑遍了七八个省市自治区。由于长途劳顿，他的身体日渐消瘦，终于病倒了。

丁颖的健康状况惊动了国务院总理周恩来。周总理亲自安排，强令丁颖到无锡太湖的一家疗养院进行为期三个月的疗养。

可是丁颖在疗养院里怎么能待得安稳呢？他的心思一时一刻也离不开他心爱的稻种。疗养期间，他听说南京有一位叫陈永康的全国劳动模范正全力研究水稻高产试验田，就瞒着大家跑到了南京的稻田里。谁也没有想到，那时的丁颖已经患上了肝癌。

1964年秋天，丁颖坚持去农村考察盐碱地的稻作，作完考察报告后，他就病倒了，由组织护送返回北京，住院仅20天就与世长辞了，享年76岁。

高山仰止，心向往之。人们永远不会忘记"中国稻作学之父"丁颖。

1988年，在丁颖一百周年诞辰之际，中国科学技术协会和华南农业大学、中国农业科学院分别举行了纪念大会和丁颖学术讨论会。华南农业大学成立了丁颖科学基金会，广东省科学技术协会首次用科学家的名字设立了"丁颖科技奖"。

李四光：中国地质之光

李四光（1889～1971），地质学家、教育家。中国地质力学的创立者，中国现代地球科学和地质工作的主要领导人和奠基人之一。

从小就爱动脑筋

李四光小的时候，家里很穷。兄弟姐妹多，爷爷又卧床不起。父亲是教书先生，收入微薄；妈妈种田，特别辛苦。李四光排行老二，从小就十分懂事，千方百计帮助妈妈干活。每天天刚亮他就起床，把水缸装得满满的。一有空，他就上山砍柴。

童年的李四光特别喜欢动脑筋。有一次，他帮妈妈舂米，需要用脚踩踏板，可是他人儿小，踩不动。他想了想，就把绳子绑在石杵那一头儿的踏板上。当脚往下踩时，他就用手使劲儿拉绳子，这样石杵就动起来了。

李四光和小伙伴去荷塘挖藕。小伙伴们大多嘻嘻哈哈，半天只能采几节断藕。他却在一旁细心地观察，先顺着干枯的荷叶梗踩到藕，再用脚小心地探出藕的方向，然后依着它生长的方向一点点地把泥踩去，便能收获一根根完整的鲜藕，小伙伴们特别羡慕。

改名字的故事

李四光原名是李仲揆，可是后来他为什么叫李四光呢？这里面还有一个小故事。

14 岁那年，李四光来到武昌，去一所新式学堂报名。"来，小同学，你把这张报名表填上！"一位老师递过来一张表。李四光接到表格填了起来。

"呀，错了！"他一时激动，误把"姓名栏"当成"年龄栏"，写上了"十四"。这可怎么办？擦掉重写？可是身边又没有橡皮。李四光灵机一动，把"十"加上几笔变成了"李"字。再一看，他的名字叫"李四"了。李四？这是什么名字？太俗气了！索性再加一个字吧！加个什么字呢？他想了几个都不满意。突然，他抬头看了一眼窗外的太阳，明媚的阳光映着他的眼睛。他灵机一动，在后面加了一个"光"字。从此，他就叫"李四光"了。

我的家在中国

1913 年，李四光到伯明翰大学先学习采矿专业，后又攻读地质学，立志用科学知识让中国变得富强。后来，他看到西方媒体发表的文章，说中国是"贫油国"，于是坚定了继续研究地质学的决心，一定要让中国脱掉"贫油国"这顶帽子。

1920 年，李四光成为北京大学地质系的教授。初到学校，他接过了改造地质系的任务，修整设备和仪器，修讲堂改花园，充实教材内容……1948 年，李四光去英国参加第 18 届国际地质大会，此时的他已经是国际上卓有建树的地质学家了。

1949 年秋，第一届政治协商会议召开，仍在英国的李四光被选为政协委员，并被任命为刚成立的中国科学院副院长。

准备回国的李四光听到朋友传消息，说国民党政府要求他发表声明拒绝接受中华人民共和国的职务，否则就要把他扣留在英国。

"我的家在中国，谁也拦不住我！"李四光当机立断，只身先行离开伦敦前往法国。夫人随后出发与他会合。因为担心李四光夫妇的安全，周恩来总理亲自部署其回国事宜。

李四光夫妇先后辗转法国、瑞士、意大利，历时半年多，终于在 1950 年 5 月到达了北京。

中华人民共和国地质工作的奠基人

1949 年，中国原油产量极低，远远不能满足国家经济发展和国防建设的需求。

作为地质学家的李四光，决心要改变这种落后的面貌。为了准确分析地质特点，李四光的足迹遍布整个中国。他不畏艰险，翻山越岭，测量精确的数据，分析地质层的构造，提出柴达木盆地、华北平原、东北平原、四川盆地等地区应该作为勘探石油的主要对象。李四光的报告鼓舞着人们积极寻找石油。

1955 年，李四光亲自带领队伍，在新疆、华北地区、东北地区开展石油普查工作，在很多地方发现了储油的地质结构，开发建设了大庆油田、胜利油田、大港油田等大型油田。中国的工业发展获得了源源不断的"血液"。中国"贫油国"的帽子被摘除。

李四光不仅对地质学很有研究，而且还创立了一门新的学科——地质力学，对研究矿产的分布提供理论依据，指导人们发现了钨、铬等珍贵的矿藏。

李四光是杰出的地质学家，是我国地质事业的开拓者，为我国社会主义建设做出了巨大贡献，因此享有很高的声望，被称为中国"地质之光"。

竺可桢：中国近代气象学奠基者

竺可桢（1890～1974），浙江绍兴人。中国科学院院士。中国现代地理学和气象学的奠基者。

学习和身体都重要

竺可桢从小就十分热爱学习。刚满 5 岁，他就缠着父亲要上小学。

"你才 5 岁，这么小，学校不收的。"父亲摇了摇头。

"可是，我都能写 1000 个字了，学校没有理由不收我呀！"在竺可桢的央求下，父亲把他领进了镇上唯一的一所小学——敬义小学。

"哦，你这么小就想上学，那我得考一下你。"校长笑着抚摩着竺可桢的脑袋。

"考就考，我才不怕呢！"

校长给竺可桢出了几道题，果然难不住他。于是，竺可桢成了这所小学里年纪最小的一个学生，学习非常刻苦。

有一次，老师留作业让写作文，这可难住了竺可桢："怎么写呀？"

他找到哥哥求助。哥哥竺可材看着弟弟这样爱学习，很高兴。"来，别急，我来教你！"晚风吹拂，星光灿烂。哥哥辅导着弟弟写作文，写了一遍又一遍。待到竺可桢感到满意时，不知不觉天都快亮了，公鸡已经开始打鸣报晓了。

由于竺可桢总是熬夜学习，他的身体逐渐出现了问题，与正常的孩子比，显得很虚弱。竺可桢有一个同学，叫胡适，后来成了一位很有影响力的思想家、文学家。"你呀，现在这样不注意身体，哼，我敢打赌，你是不会长寿的！"虽然胡适的话是开玩笑的戏言，但也一下子给竺可桢敲响了警钟。是呀，学习和身体都很重要，如果把身体弄垮了，即使有再大的本领也无法给国家做贡献呀。

从此，竺可桢不再熬夜了。他开始注意锻炼身体，跑步，舞剑，做操，即使遇到大雨天也从不间断。

写了一生的日记

如果你问，竺可桢有什么爱好？写日记算是重要的一项。

竺可桢从小就养成了写日记的习惯。可惜由于战乱，他1935年以前写的日记丢失了。从1936年元旦起，到他去世前一天的日记，现在还都被完整地保存着。是的，一天都不少。有人统计过，共38年零37天。

不少小学生写日记是因为老师要求的，想用这种方法来提高写作水平。竺可桢可不同，他写日记是为了记录自己热爱的气象研究工作。

翻开他厚厚的日记本，你便可以看到，在每天的正文前，都记载着当天的天气情况，比如阴晴雨雪啦，风向风力啦。里面不仅有这些最基本的天气状况，还有花开花落、冬去春来等自然现象。

在他去世的前一天，当他从收音机里听到天气预报时，还躺在

病床上用颤抖的手握住笔，记下："晴转多云，东风 1~2 级。"

这也是竺可桢一生中的最后一篇日记。

我要走着去上班

竺可桢在科学院院部工作时，家住北京北海公园北门附近，上班的路程挺远的。组织上考虑他年近花甲，决定派专车接他上下班。

"谢谢了，我不要车接，走路可以的。"不管组织上怎么劝说，他执意拒绝，坚决不坐车。

单位里的工作人员力求说服竺可桢家人："竺老坐车是够级别的，并没有违反制度呀，他为什么要自己走路呢？"

家人笑了笑，说："他呀，是搞气象的，他需要用自己的身体去感受大自然的阴晴冷热。走路最接地气，坐在车上，就失去了接触自然的机会。"

所以，在北京的北海公园北门，每天早晨都有一位老人迎着太阳走出来，傍晚又披着晚霞从南门走进去。这位老人就是竺可桢。这一路上看到的、听到的、感受到的，他都会写在自己的日记里。

为百姓解决水患

1936 年，竺可桢出任浙江大学校长。1937 年 8 月，日寇进攻上海，逼近杭州。竺可桢决定带领全校一千多名师生走上"西迁"之路。

途中遇到一个叫泰和的地方，按计划他们的队伍要在这里驻扎一段时间。泰和县依山傍水，适合农耕，可是才住下几天，竺可桢便发现这里的庄稼长得并不好，百姓生活得很苦。

"这个地方年年闹水患,我们多次向省里请求派专家来勘查解决,却一直无果。"当地的百姓满脸忧愁地说。

　　竺可桢听完后,笑着说:"哦,原来是这个情况。我们学校有土木和水利系的老师,我来安排师生们进行实地考察设计,把水患的问题解决了。"

　　"那太好啦!不过,你们需要多少费用呀?"政府工作人员小心地问。

　　"我们考察设计,分文不取,你们负责组织施工就好了。"

　　在竺可桢的努力下,被当地百姓称为"浙大堤"的工程很快就完成了。最终水患根除,百业俱兴。"浙大堤"一直到今天还在发挥作用。

蔡翘：中国生理科学奠基人之一

蔡翘（1897～1990），生理学家、医学教育家，中国生理科学奠基人之一。曾在我国多所著名医学院校担任学术领导，从事教学、科研工作；在神经解剖、神经传导生理、糖代谢和血液生理等领域做出了突出贡献，并为中国的航天航空航海生理科学研究奠定了基础。

远涉重洋，为了科学救国

1919 年，时任北京大学校长的蔡元培对北大进行了改革，欢迎外地的学生来北大当旁听生。很快，蔡校长发现了一位旁听生，学习认真刻苦，恰巧也姓"蔡"。

"小伙子，你也姓蔡？多大了？家是哪里的？"

"校长好，我叫蔡翘，今年 22 岁了，家是广东潮安县的。"蔡翘见到校长还是有些紧张的。

聊了一会儿，两人很快就熟悉起来。蔡翘告诉校长，他在高小和中学的学习成绩都很好，这次是慕名来北大中文系当旁听生。

"那你英语应该不错呀！你可以利用自己的英语优势，争取机会到国外深造，学会先进的科学技术，回来报效祖国。"

蔡元培的话触动了蔡翘。同时，五四运动唤醒了青年的觉悟，科学救国已经成了很多有志青年（包括蔡翘）的追求目标。

这年秋天，蔡翘踏上了海外求学之路。他先后在美国的加利福

尼亚大学和印第安纳大学学习心理学。四年的大学课程，他用两年时间就全部完成了。伙伴们特羡慕他。

"你真的是太有天赋了，还可以再学一个专业呀。"

"选什么专业呢？"

"原来学的是心理学，现在改一个字，生理学！"

1922年，蔡翘转入芝加哥大学生理系。为什么要选这个专业呢？他听说生理学在当时的中国还是一片空白领域。

"我要努力学习这门新学科，早日完成学业，报效祖国。"蔡翘在心里呐喊。在美求学期间，他靠勤工俭学维持生活和学习，还曾在芝加哥大学生物学图书馆服务一年，非但没有耽误学业，而且各科成绩都非常优秀。

编著教材，填补生理学空白

科学没有国界，但是学者却有他自己的国家。

1925年，蔡翘毕业回国了，到上海复旦大学任教授。

28岁的他第一次站在大学的讲台上，面对学生，他开的第一门课就是生理学。可是，学校之前没有设置过生理学这一门课，所以连教材都没有。

很多学生对生理学感兴趣，可是上课时，他们才发现，除了没有教材，这位年轻的蔡翘教授竟然是用英文讲课的。因为蔡翘在美国学的就是用英文编写的教材。

"先生，我们虽然有一定的英语基础，可您用英语讲课，我们有些听不懂。"

"是呀，没有中文版的生理学教科书，这课怎么上呀？"

"蔡老师，您能不能自己编一本教材呀？那样，生理学就可以向全国的高等院校推广了。"同学们纷纷向蔡翘提意见。

"自己编书？能行？"蔡翘寻思着。

"您来编吧，我们都可以帮忙。"

"好，那我就来编写一本属于咱们中国学生自己的生理学教材。"

编书，说起来容易，做起来难。那时，没有电脑，也没有复印机。谁也不知道，蔡翘花费了多少时间和精力，查阅和翻译了多少资料。终于，1929年，他编著的我国第一本大学《生理学》教科书，由商务印书馆出版了。

后来，神经生理学家冯德培、"中国克隆之父"童第周、生理学家徐丰彦等人在学习相关知识时，都得益于这本教科书。他们也是蔡翘培养的人才。

登台演讲，呼吁援助中国抗战

1943年夏天，蔡翘作为中美文化交流交换教授赴美讲学一年。

那时，蔡翘已经在生理学研究方面取得了显著的成绩，发表的论文也在美国高等学院里引起很大的反响，得到美国相关专家学者的高度评价。

在美国的哥伦比亚大学医学院，他与美国学者合作，继续研究血清中的缩血管素物质问题。由于蔡翘的不懈努力，这项研究有了重大突破。所以，蔡翘在美国讲学时特别受欢迎。

有一天，蔡翘又被芝加哥大学邀请去做讲座。邀请方指定他讲关于血清素研究的内容。

那年，中国正在进行抗日战争。蔡翘虽然身在美国，心仍在祖国的抗日前线。面对台下一双双渴望求知的眼睛，蔡翘话题一转，竟然把生理学的血清素暂放到一边，激动地介绍起中国抗日战争的情况。"现在中国人民正在遭受日本帝国主义的蹂躏，无数个无辜的老百姓惨死在日寇的屠刀下。作为一个来自中国的科学家，我呼吁国际社会，援助中国的抗日战争……"

"蔡先生，您讲的内容跑题了！"邀请方提醒他。

"哦，谢谢，这也是正题。请让我讲完好吗？"

蔡翘用流利的英语慷慨激昂地演讲着，引起强烈反响。

蔡翘用自己的一颗拳拳爱国之心，为中国抗战的胜利贡献了一分力量。

航空航海，有他的卓越贡献

新中国刚成立时，我国的航空航海事业，无论从基础设施方面，还是理论研究方面，都非常薄弱。因此，蔡翘一边潜心教学，一边认真做科研。他的两本重要著作——《航空医学入门》和《航空与空间医学基础》，不仅提供了人体各方面的重要生理数据，而且根据这些数据，提出了一系列适合我国国情的防护制度和装备要求，如航空加压控氧制度，潜水减压制度，抗荷服、代偿服和潜水服的生理数据要求及生理性能鉴定方法等。

正是有了这些数据的支撑，在短短数年内，我国年轻的航空航海医学专业才建立了研究基地，大大地缩小了我国在这些研究领域与国际先进水平之间的差距。

星耀中华，英名永留人间

除了做科研，蔡翘指导研究生时严格认真、一丝不苟的治学态度，在研究所里也是众所周知的。他带的一个研究生确定了一个有关"神经元可塑性"方面的研究课题，他觉得这个选题很新颖，便支持这个研究生要做好。

可是，几天后，蔡翘翻看一份国外资料时，发现这个课题国外已有人作过详尽的论述，便立刻找到了这个研究生。

"你原来的课题要改，我要帮你重新确定一个难度较大的选题。"

"为什么？"这个研究生很不理解，"国外虽然有人做了，但我可以通过自己的研究来验证呀。"

蔡翘摇了摇头说："如果我们的研究仅仅是证明别人的结论，是没有任何意义的。什么是科学精神？就是你要想别人没有想到的问题，做别人没有做到的事情。"

这个研究生接受蔡翘的建议，重换选题，并在蔡翘的指导下，很快做出了成绩。

蔡翘亲自审阅研究生论文，态度认真，逐字逐句加以推敲修改。在他 90 岁的时候，一只眼睛因白内障几乎失明，他还坚持用另一只眼睛借助放大镜审稿。

1990 年 7 月 29 日，蔡翘在北京病逝，享年 93 岁。

人们永远不会忘记那些为祖国奉献智慧与生命的科学家。在蔡翘逝世 21 年后的一天，一条消息闪现在人们眼前：

2011 年 10 月 14 日，以中国著名生理学家、医学教育家蔡翘的名字命名的"蔡翘星"命名仪式在军事医学科学院举行。

蔡翘星耀中华，英名永留人间。

林巧稚：万婴之母

林巧稚（1901~1983），医学家。中国第一所妇产专科医院"北京妇产医院"首任院长，中国妇产科学主要开拓者之一。一生没有结婚，却接生了5万多个新生儿，被尊称为"万婴之母""生命天使""中国医学圣母"。

求学之路

1921年7月的一天，酷热难耐。协和医科大学（今北京协和医学院）来上海招生的英语考试，正在紧张地进行着。谁都知道，协和医科大学对英语水平的要求是很高的。如果英语成绩不达标，很有可能会被淘汰掉。

一个20岁左右的姑娘端坐在考场上，十分自信地看着试卷。

"嗯，这些题不算太难。"她拿起笔开始答题。

正当她得心应手答着试卷时，意外发生了。

一个女同学突然晕倒在考场上。她脸色苍白，双眼紧闭，呼吸急促，大粒的汗珠从额头滴淌着。姑娘立即放下手中的笔，与另一名考生将这个女同学迅速抬到阴凉处，给她喂水，擦汗，缓解她的痛苦。

可是，等她处理完这起突发事件回到考场时，考试已经结束了。

姑娘叹了口气："今年肯定落榜了，明年再说吧。不过，咱不后悔，什么事情能比救人重要呢？"

让这个姑娘没有想到的是，她在考场上所做的这一切，都被考官看在了眼里。回到家后不久，她接到了录取通知书。

校方给出了三条理由："第一，你有一口流利的英语；第二，你处理突发事件沉着果断，这是当医生必备的条件；第三，你各科总成绩并不低。"

这个姑娘，就是林巧稚。

自己开诊所

1929年，林巧稚从协和医科大学毕业并获医学博士学位，被聘为协和医院妇产科大夫，这也是该院第一位毕业留院的中国女医生。

由于在协和医院工作成绩突出，很快，林巧稚得到了医院的重视，并几次被派往英国、奥地利、美国等先进的妇产科医院进修学习。后来，她晋升为协和医院的主任医师。

但是好景不长，1941年太平洋战争爆发，北京协和医院被日本人占领后停办。林巧稚离开了自己钟爱的工作单位，在北平（今北京）的东堂子胡同，开办了一家私人诊所。

为了减轻病人的负担，她采取降低挂号费、对贫穷患者减免医药费等措施。不仅如此，她还有一个出诊包，包里总放着钱，以便随时接济贫苦百姓。妙手回春的林巧稚和她的爱心诊所，为阴云笼罩下的京城带来了一道希望的曙光。

生命的全部

林巧稚姿容曼妙，秀外慧中，身边不乏英俊青年追求，可她始终没有走进婚姻的殿堂，将全身心投入到妇产科的工作中。络绎不

绝的病人和各种各样的病症成了林巧稚生活的全部。

有人统计过，林巧稚一生一共接生了 5 万多个新生儿，其中有傅作义的小儿子，冰心和吴文藻的三个孩子，梁思成和林徽因的子女，著名水稻育种专家袁隆平。

在每一个由她接生的孩子的出生证上都写着——Lin Qiaozhi's baby。

林巧稚曾说过，作为一名医生，既然病人把生命交给了你，你就要尽心尽力，负责到底。她是这么说的，也是这么做的。对她来说，医学是她生命的全部，那些婴儿也是她自己的孩子。

光照人间

林巧稚每年的生日，都是在产房中度过的。

有记者问她："你为什么选择在产房里过生日呢？"

林巧稚说："我觉得在产房过生日更有意义。在这里，我为难产的孕妇接生，小宝宝哇哇啼哭的声音是最动听的生命赞歌。对我来说，这是最好不过的生日礼物了！"

也因此，林巧稚在群众中有着崇高的威望。加上她平易近人，近乎天真，大家都很喜欢她。

北京协和医院附近有家副食店，林巧稚经常到那儿去买些蔬菜水果。看见大家在排队，她总是自觉地排在队尾。

"这不是林医生吗？您是忙人，别排队了。"售货员和顾客都很真诚地请她直接到柜台去。

"谢谢，谢谢！"林巧稚朝大家笑了笑，还是站在排尾不动。

晚年的林巧稚记忆不好，时常会把眼镜、扇子、钢笔等丢在病房，大家就替她收起来保管好。有年轻人喜欢和她开玩笑："林主任，你要眼镜，得用巧克力来换。"她就去买巧克力给大家分。她和大家分享的不仅是快乐，更是浓厚的情谊。

1978年12月，林巧稚赴西欧四国访问回来后，被检查出高血压、动脉硬化、脑血栓、心脏病。此时她已经是一位年近八十的老人了，可她仍顽强地工作着，她在轮椅上、病床上写关于妇科肿瘤的书籍，直至4年后，完成了50万字的专著《妇科肿瘤学》。

1983年春，林巧稚病情恶化，陷入昏迷，她总是断断续续地喊着。

"快！快！拿产钳来！产钳……"

这时护士就随手抓一个东西塞在她手里，用来安抚她。

同年4月22日，林巧稚在协和医院逝世。

她一生无儿无女，在遗嘱中，她将个人毕生积蓄3万元人民币捐给医院托儿所，骨灰撒在故乡鼓浪屿的大海中。

林巧稚，被人尊为万婴之母。她崇高的医德像太阳一样，将光照人间，世代相传。

周培源：中国近代力学奠基人

周培源（1902～1993），著名流体力学家、理论物理学家、教育家和社会活动家，中国科学院院士，中国近代力学奠基人和理论物理奠基人之一。

不入美国国籍

周培源出生于江苏省宜兴县一个书香之家。父亲是清朝秀才，周培源从小得以家传，聪明好学。

1919 年，周培源考入清华学校（今清华大学前身）中等科。因成绩优秀，他被派到美国芝加哥大学数理系学习大学课程，后又到美国加利福尼亚理工学院继续攻读研究生。他先师从贝德曼，后改从数学家埃里克·坦普尔·贝尔，做相对论方面的研究。他仅用了 3 年半的时间就修完了学士、硕士、博士三个学位。1929 年，他回国在清华大学任物理系教授，年仅 27 岁。

后来，周培源又多次到美国进行学术交流和讲学活动。1945 年底，他参与了一项美国海军有关鱼雷研究的项目。鱼雷是美国的军事秘密，对参与者要进行严格的审查。美方看中了周培源的才华，劝他留在美国，并许以高薪厚禄，但同时又提了一个条件——需要加入美国籍。

周培源愣了，没有说话。美方代表又说："只要你同意，一切手续都由我们来办！"

周培源笑了笑，还是没有点头。

美方的那位代表又跑到他的宿舍做工作："我听说，你们国内，国民党贪污腐败，还开始发动内战了，我劝你留在美国吧。"

周培源说："国民党腐败，可还有共产党呢。有共产党，国家就会有前途。再说，我是由学校派来美国学习的，所以我一定要回到学校工作。"

周培源丝毫不留恋美国的优厚待遇和良好的工作条件，也不相信国内外敌对势力对中国共产党的种种不实宣传，报效祖国之心极为坚定，于1947年4月带领全家回到北平。

单骑走联大

1937年7月7日，震惊世界的卢沟桥事变爆发。日本帝国主义对中国的全面侵略开始了。

当时，周培源刚刚休假回国，行李还没有收拾好，战火的硝烟就弥漫在北平的上空了。面对动荡的时局，政府决定将清华、北大和南开三所学校南迁至湖南，组建长沙临时大学。半年后，又将长沙临时大学改组为西南联合大学，本部迁至昆明。周培源在西南联大任物理学教授。

西南联大办学的条件非常艰苦，校址在昆明西北部，而周培源的家被安排在昆明城的西南方向，两地相距几十公里。他还有两个女儿需要上学，而小学也离居住地很远。那时，没有汽车等交通工具，这让周培源一家人犯了难。

有一天，周培源从外面牵回了一匹枣红色的马。

"孩子们，来看看，爸爸给你们买回来个什么宝贝？"周培源兴高采烈地说。

"马，一匹枣红马！"两个女儿高兴地拍着手。

"来，试试！怕不怕？"

"不怕，不怕！"

"好，明天起，我就骑这个枣红马送你们上学去，然后，我再骑着它去学校上课！"

从此，周培源就骑马上课送娃上学，风雨无阻，从未迟到。他给这匹马起了个名字叫"华龙"，没有课的时候，他就牵着马到山上吃草，悠然自得。

这个故事后来迅速在西南联大校园传开了，人们用"单骑走联大"来夸赞周培源，说他骑在马上的英姿，是西南联大校园一道亮丽的风景线。

视科学为生命

作为著名的物理学家，周培源一生有两个主要研究方向：一个是爱因斯坦广义相对论中的引力论，另一个是流体力学中的湍流理论。

对一般人来说，他研究的领域和课题神秘如大海。可是相对论也好，流体力学理论也好，在周培源的眼里，都像冰山上的雪莲花，绽放着生命的魅力。一生追求，乐此不疲。

潜心研究，科学报祖国。周培源是一个视科学为生命的人。他认为，科学家须以科学挽救祖国。

捐祖宅办文化站

周培源过着勤俭朴素的生活，多次捐赠房产、文物和奖金，来推动教育事业的发展。

1987年，家乡人来到北京，与周培源聊起周家祖上一套宅院的事情。"周老，您家的那套宅院位置正在城中心，现在房价和土地都在增值呢。"

"这是好事呀。我家的那套祖宅面积不小，要好好利用一下。"周培源笑着说。

让大家感到意外和惊喜的是，周培源决定将这套祖宅无偿地捐献给家乡："把这套房子作为科普文化活动站，让更多的人爱科学，学知识，把家乡建设得更好吧！"

1989年，周培源和夫人到无锡市博物馆参观。

"博物馆办得不错，不过，珍品还是少了些。"周培源若有所思地说。陪同参观的馆长不知周培源说此话出于何意。

过了一会儿，周培源又说："我也喜欢收藏古代书画，算起来，也有一百多件吧。我们现在老了，把它们捐给家乡的博物馆收藏吧。"

就这样，周培源无偿捐赠了自己收藏的珍品。

后来政府向他们颁发了一笔奖金，周培源和夫人商量把这笔钱捐赠给学校作为科学基金与奖学金了。

勤奋的一生

周培源一生都在勤奋工作学习。他从事高等教育工作期间，培养出了彭恒武、张守濂等杰出的科学家。钱三强、钱伟长、王淦昌、朱光亚等都听过他授课。20世纪50年代，国家考虑建设长江三峡水坝工程时，周培源得到消息，十分激动，曾两次到武汉参加三峡工程会议，并前往三斗坪考察预选 的大坝坝址。

1988年，他又以86岁的高龄，亲自参与三峡工程的可行性研究视察，从专家的角度，提出了很多独到的建议。

89岁时，他的相对论引力论研究有重大进展。去世前一年，他还一边住院，一边又招收博士研究生，力争在研究领域再获新的突破。

1993年11月24日周培源在北京逝世，享年91岁。先生已逝，以"周培源"命名的"全国周培源大学生力学竞赛"，每两年举行一次。无数青年学子，在周培源的精神鼓励下，努力成长为既有解决实际问题的能力，又敢于创新的优秀人才。

童第周：中国克隆第一人

童第周（1902～1979），著名生物学家、教育家，中国实验胚胎学的主要创始人，中国海洋科学研究的奠基人，生物科学研究的杰出领导者，开创了中国克隆技术之先河，被誉为"中国克隆之父"。

长年累月，滴水穿石

1902 年，童第周出生在一个农民家庭。他的父亲是一位私塾先生。为了改变孩子的命运，他让童第周早早地到私塾里学习。

小孩子都很贪玩儿，童第周也不例外。放学回家，他不爱写作业，而是跑来跑去，和伙伴们玩游戏，对学习一点儿也不上心。

父亲看在眼里，急在心里，却不知如何引导他。

这天，童第周在屋檐下的阶沿上玩游戏，突然发现石板上整整齐齐地排列着一行手指头大的小坑。"咦？这些小坑是谁弄的？"童第周把父亲从房间里拉了出来，睁着大眼睛问道。

看到儿子这么好奇，父亲就耐心地引导他："孩子，你说这些坑是怎么来的？"

"刀刻的？"童第周眨着眼睛。

父亲摇了摇头。

"用石头凿的？"

父亲还是摇头。

"那是怎么来的呀？"

父亲指着屋檐，又指了指石板，轻轻地说："是水滴咬的，雨滴一点一点咬出来的！"

"雨水能把石头咬出坑来？"

父亲笑了笑，说："一天两天当然不行，一个月两个月也不可能，但是长年累月，滴水便可穿石！"

"长年累月，滴水穿石。"童第周反复咀嚼这八个字。

这时，父亲拿出纸和笔，写下"滴水穿石"四个大字，并且告诉他："凡事只要持之以恒，最终一定会有所收获。"

童第周点了点头："我记住了。"

"滴水穿石"这四个字成了童第周一生的座右铭。

中国人真行

1927 年，25 岁的童第周从复旦大学毕业，被举荐到南京中央大学生物系任助教。1930 年，童第周在亲友们的资助下，去比利时留学。

童第周在比利时学习非常刻苦。有一次做实验，童第周的导师达克教授要求学生们设法把青蛙卵膜剥下来，这是一项难度极高的工作。青蛙卵只有小米粒大小，外面紧紧地包着三层像蛋白一样的软膜，必须在显微镜下进行。

许多人都失败了，就连教授也不例外。

"这根本没法完成，简直比登天还要难！"同学们一个个都放弃了。

只有童第周一人没有放弃，不声不响地进行实验。

终于，童第周取得了让所有人都感到震惊的成绩——完整剥下了青蛙卵膜。

"童第周成功了！""这是创造奇迹的一天！"同学们高兴地奔走相告。

达克教授更是激动万分，抑制不住内心的喜悦，连声称赞："童第周真行！"

"谢谢教授的夸奖！是中国人真行！"童第周笑着握着教授的手。

童第周剥除青蛙卵膜实验的成功，震动了欧洲生物界，他的双手被同行称为生物学的"金手指"。

爱国更重要

留学期间，童第周潜心研究，在生物学的高峰上刻苦攀登着。无论是教授还是同学，都看好童第周。

"你这么年轻就取得了这样的成就，真是前途无量！"

"毕业后你就留在比利时吧，这里更适合你的发展。"

童第周笑了笑，说："不，我还要回国呢。"

"回国？中国那么落后，你回去做什么？"

童第周抬起头，眺望着远方，仿佛在看向祖国说："我为什么要学习本领？就是为了报效祖国，因为中国现在还很落后。"

1931年9月18日，日本帝国主义在中国沈阳发动了震惊世界的九一八事变。这个消息很快就传到了比利时。正在实验室里进行科研工作的童第周怒火中烧，大声对同学说："日本帝国主义发动事变，开始侵略中国了！"

"那又怎么样？咱们离祖国万水千山，着急有什么用呢？"

"是呀，还是好好地在教室里学习算了。"

"不！爱国更重要！"童第周大声说，"祖国受难，我们每一个留学生必须要有态度，有行动。如果我们无动于衷，就枉为一个中国人！"

童第周说干就干，他购置旗帜，写标语，组织留学生发动抗日游行，在社会上产生了很大的影响。而作为游行的负责人，童第周因"扰乱治安"的罪名，被关了一段时间。

说到这件往事，童第周骄傲地说："爱国无罪！我无怨无悔！"

1934年，童第周获得了布鲁塞尔大学博士学位。年底，他不顾日本侵略军即将发动大规模侵华战争的危险，毅然放弃国外可以安心工作和生活的条件，回到祖国，任国立山东大学生物系教授。

第一条克隆鱼

1952年，国际生物领域涉足了一个新的技术领域——克隆。世界各国的科学家们都处在同一个起跑线上。童第周率领他的科研团队在这个领域里开始不断地攻关。

"咱们一定能早日攻下这个科研项目！"大家从童第周的眼神中看到了自信。

是的，经过近十年的艰苦奋战，一个崭新的成果轰动了世界。1963年的一天，从实验室传来了振奋人心的消息——

童第周利用细胞核移植技术，成功克隆了一条鱼。

中国的克隆鱼诞生了，这是世界上第一例异种动物移植。这为20世纪七八十年代国内完成鱼类异种间克隆和成年鲫鱼体细胞克隆打下基础。

生命不息，工作不止

1979 年，童第周工作繁忙，一边写著作，一边积极筹备建立一个现代化的生物学研究所。由于过度劳累，他的身体严重透支，医生多次建议他休息，可是固执的他一心扑在工作上。

3 月初，童第周接到一个邀请，到杭州去讲学。家人对他说："你别去了，路途这么远，你的身体怎么受得了？"

童第周笑了笑，说："没关系，生命不息，工作不止。"

他一路奔波，开始了杭州的讲学。然而，人们最不愿看见的事情还是发生了：在作报告时，童第周突然晕倒在讲台上，被紧急送到医院抢救。

同年 3 月 30 日，童第周永远离开了我们，但他献身科学、勇于探索的精神，却永世长存。

苏步青：中国微分几何学派创始人

苏步青（1902～2003），浙江温州平阳人，中国科学院院士，著名数学家、教育家，中国微分几何学派创始人，被誉为"东方国度上灿烂的数学明星""东方第一几何学家""数学之王"。

一堂难忘的数学课

苏步青读小学时，就对数学这门功课有着浓厚的兴趣，但真正让他以数学为奋斗目标的人，是他的中学老师。

苏步青读初三的一天，同学们纷纷议论班里换了一个新的数学老师。

"你们知道吗？新数学老师姓杨，刚从日本东京留学回来。"

"杨老师在数学界大名鼎鼎，能把这样的人物请来，咱们校长可是下了大功夫喽！"

大家正说着呢，杨老师就推门走进了教室。坐在教室前面的苏步青两只眼睛瞪得大大的，他想看看杨老师会怎样把同学们引向神秘的数学殿堂。

让大家感到诧异的是，一开始杨老师并没有讲数学，而是说："当今世界，弱肉强食，世界列强依仗船坚炮利，妄想瓜分中国。危险迫在眉睫，振兴科学，发展实业，在座的每一位同学都有责任。"

接下来，杨老师又旁征博引，讲述了数学在现代科学技术发展中的巨大作用。这堂课，杨老师说的最后一句话是："为了救亡图存，必须振兴科学。数学是科学的开路先锋，发展科学，必须学好数学。"

苏步青一生不知听过多少堂课，但这一堂课使他终生难忘。

在杨老师的带领下，苏步青对数学简直是着了迷，不管酷暑隆冬，他只知道读书、思考、解题、演算。杨老师布置的一道道高难的数学习题，他都能用自己的聪颖智慧一一破解。

杨老师对苏步青说，"你是有数学天赋的人，我建议你到日本留学，将来肯定会有前途的。"

1919年，苏步青以第一名的成绩考取了东京高等工业学校。

拿下博士学位

苏步青老家在浙江平阳一个村庄，世代务农，日子过得很艰难。苏步青出生后，父母望子成龙，找算命先生给他起了一个"步青"的名字，寓意"平步青云，光宗耀祖"。他到日本留学，家里是拿不出钱来的。多亏校长慧眼识才，慷慨解囊，为他提供了经济上的帮助。

初到日本，为了省钱，苏步青每天只吃两顿饭。学习首先要过语言关，可是他没钱请日语老师，就拜房东大娘为师。大娘也很热情，免费辅导他学日语。很快，苏步青就能用流利的日语来交流了。

在日本，为了赚取生活费，他课余卖报、送牛奶、当杂志校对、做家庭老师。他靠自己的勤奋获得收入，又被免试升入学校的研究生院做研究生。在校期间，他接连发表了几十篇仿射微分几何和射影微分几何方面的研究论文，开辟了微分几何研究的新领域。

"这个中国学生真是太有数学天赋啦，简直可以称为一颗即将升起的灿烂的数学明星。"老师总是忍不住赞叹。

读完了硕士研究生，老师建议苏步青继续深造读博士学位。果然，他不负众望，在1931年3月，以优异的成绩荣获该校理学博士学位，成了继陈建功之后获得本学位的第二个中国人。

于是，国内外的聘书像雪片似的飞来，老师也劝他："留在东京吧，这样你可以衣食无忧，大展宏图。"但苏步青婉言谢绝了："我已选择了回国就业，到浙江大学当老师。"他义无反顾地踏上了回国之路。

桃李满天下

回国之后，苏步青进入浙江大学数学系，一边从事教学，一边从事研究。70余载，他培桃育李，繁花硕果满天下，其中好几位学生都是中科院院士。

苏步青要求非常严格，学生作业做不出来或者想偷懒，就会遭到非常严厉的批评。曾有一个叫熊全治的学生平时不好好学习，快考试了才临时抱佛脚，来找苏步青讨教，结果被劈头盖脸地骂一通。后来，熊全治成为美国理海大学数学系的著名教授。他回忆往事时，十分感慨："幸亏40年前苏先生痛骂了我一顿，把我给骂醒了，否则我也许不会有今天的成就。"

永远的平民本色

虽然苏步青是德高望重的数学界领袖，却一直保持着朴素节俭

的本色，从穿着到吃饭住宿，和普通的老百姓一样。

一天，苏步青要从北京到浙江大学。浙江省政府和省政协听说后，立刻派专人给苏步青安排条件好的宾馆。

一切安排就绪后，省里的领导去宾馆看望苏老。可是宾馆的负责人说："苏老根本就没有来这儿入住。"

那他住在哪里了？原来，苏步青婉言谢绝了招待方的一片好意，执意住在浙江大学的招待所了。

"不要多花政府的钱了，到浙江我就是回家了，住在家里最方便。"苏步青住招待所，吃得更是清淡，以素食为主。吃完饭后，他的盘子是光的，碗也是光的。这时候，他会风趣地说："呵呵，老蝗虫到，吃光用光。"

有着深厚文学功底的诗人

人们都知道苏步青是著名的数学家，并不知道他还是位文学大师。

苏步青从小酷爱古诗文，他骑在牛背上熟背了《千家诗》《唐诗三百首》。在向数学山峰攀登的旅途上，他也会随身携带着自己喜欢的古诗词。

1972 年 12 月，苏步青的学生、著名的数学家张素诚去拜访苏步青时，看到了他有一本英文版的《射影几何概论》，很是喜欢。

苏步青看到学生喜欢这本书，就慷慨地说："你喜欢就拿走吧！哦，我再给题几个字。"

说着，他就提起笔，在这本书的扉页上唰唰写了一首诗：

三十年前在贵州，曾因奇异点生愁。

如今老去申江日，喜见故人争上游。

从这首诗我们可以看出苏步青深厚的文学功底。

几十年来，苏步青笔耕不辍，创作了近千首诗作。

1994 年，北京群言出版社出版了《苏步青业余诗词钞》，在学术界广为流传。

蔡昌年：为国家编织电网

蔡昌年（1905～1991），浙江德清人，中国科学院院士，电力系统专家，电力工业部电力科学研究院高级工程师。领导和建立了东北电力系统运行调度指挥管理制度，为我国电网的科学计算工作做出了卓越贡献。

早年坎坷

蔡昌年的家庭本来很富庶。父亲在官衙里当官，每月的俸禄不薄，完全可以让一家人过着衣食无忧的日子。可是，母亲在蔡昌年3岁时，就含恨撒手人寰了。家里的经济状况也越来越糟糕了。

蔡昌年因此变得贫寒孤苦，9岁时被送到南通姑丈家寄居。然而，童年的不幸并没有让蔡昌年放弃奋斗。1918年，江苏省立第一工业学校招生，13岁的蔡昌年一试便考中了。经过两年学习后，他进入浙江省立工业专门学校（浙江大学前身）学习。

由于沉重的家庭经济负担，1924年，本来可以继续深造的蔡昌年大学毕业后，不得不四处求职。他先后在纱厂发电所做实习员，在烟草公司电气部当管理员，还在学校教过工程课。后来，他被推荐到建设委员会电气处任职。

从此，蔡昌年与中国的电力事业结了缘。

为岷江电厂做贡献

蔡昌年进入国民政府建设委员会电气处后，积极参与南京市高压线路与变电所设计。在实践中，他深深地感受到电力事业发展薄弱对国家经济建设和发展的制约。

1938年，政府资源委员会决定在四川乐山地区建立一座发电厂，这就是后来著名的"岷江电厂"。蔡昌年任岷江电厂工务长，即总工程师。他主持了五通桥分厂的筹建工作，共修复、安装3台锅炉、4台机组，架设一条跨距500米的过江输电线路。

值得一提的是，岷江电厂的第一家供电对象，正是中国抗战工业史上的另一个传奇"永利川厂"。永利川厂位于四川省乐山市五通桥区桥沟镇老龙坝村。这家工厂是由著名爱国实业家、被毛泽东同志誉为"中国近代四大工业先驱之一"的范旭东先生创办的。1937年，天津被日本侵略者占领后，范旭东与员工们拒绝与日伪合作，艰难辗转来到五通桥重建化工基地。

岷江发电厂的建立，使永利川厂得以顺利投产。从这个意义上说，蔡昌年为抗战胜利、为民族工业的发展，做出了卓越的贡献。

在美国进修

1945年8月15日，日本宣布无条件投降，中国人民终于赶走了日本侵略者。恰在这一年，蔡昌年得到了一个去美国进修的机会。

蔡昌年十分珍惜这个机会。他知道，中国的经济要想得到快速发展，必须有雄厚的电力基础。但在电气方面，当时我们国家还是一张白纸。蔡昌年要在这张白纸上画一幅美丽的图画。

他在美国学了两年，主修电力系统的运行、继电保护、调度、规划、设计等，因学习成绩十分优秀，被吸收为美国电机工程师学会会员。

其间，蔡昌年敏锐地意识到，未来电力系统是电力工业发展的必然趋势，所以他在电力系统工程方面，特别用心，专攻这个领域。

学习结束后，美方留他，他却摇了摇头："我要回到祖国去。"

"蔡先生，美国有很多好东西，在你们中国是买不到的，你可以多带一些回去。"热情的美国朋友建议。

"那是当然，我怎能空手而归呢？"

经过一番准备后，蔡昌年登上了回国的轮船，他真是满载而归，带了整整六个大箱子的东西。

同行的伙伴问他："这么多箱子！里面是什么宝贝？"

蔡昌年笑而不答，直到下轮船过海关时，伙伴才发现，他的这六个大箱子里，装的全都是有关电力学的书籍资料。

后来，这些被带回的资料在新中国的电力工业建设中，发挥了重要作用。

为电力尽职尽责

回到祖国后，蔡昌年目睹了当时国民党政府的腐败，对国民政府彻底失去了希望。

蔡昌年任石景山发电厂厂长期间，多次帮助共产党地下工作者完成任务，为新中国的建立做出了极大的贡献。

后来，国民党大势已去，开始准备逃跑的后路了。他们对电厂的设施不仅不保护，而是千方百计地进行破坏。电厂的6号机炉突然出现了问题。

"是检修，还是放弃？"这一切都要他这个厂长拿主意。

"不能放弃，必须抓紧时间进行检修！"

蔡昌年顶住一切压力，坚持对6号机炉进行大检修，排除所有隐患，保证供电。在蔡昌年的努力下，石景山发电厂和北平市输配电设备才没有遭到特务的破坏。

晚年坚持学习写作

蔡昌年一生挚爱电力事业，喜欢研究新问题，接受新事物。即便到了八十岁高龄，他也每天坚持读书学习，孜孜不倦，并把工作安排得满满的。

他的生活是很有规律的，每天早餐后开始工作，写论文和书稿，全天要工作大约十个小时。

女儿看到他这般辛苦，就劝他："爸爸，岁数不饶人呀，您不能再每天工作十多个小时了，身体受不了的。"

"你让我闲下来，我才会得病的哟。"不过最后，蔡昌年向女儿妥协了，将自己的工作时间改为八个小时。

晚年的蔡昌年写了不少文章。这些文章立论正确、精辟简练、深入浅出，被很多学校当作培训讲义和教材，为我国电力系统培养人才发挥了极大的作用。

蔡昌年将自己的一腔热血，毫无保留地奉献给国家电力工业的建设。这位卓越的爱国科学家为民族的崛起而奋斗终生的事迹与精神，将永远激励着我们努力学习，去实现伟大的梦想。

高士其：中国科普的一面旗帜

高士其（1905～1988），福建福州人，著名科学家、科普作家和社会活动家，科普事业的先驱和奠基人。

被判"死刑"

1928 年，23 岁的高士其在美国芝加哥大学医学研究院学习。一天早晨，他像往常一样，来到细菌学系的实验室。这天的工作，是给用来做实验的小豚鼠注射甲型脑炎病毒。

"砰！"只听一声响，他手中装满病毒的试管爆裂了。毒液随之四溅，弄了他一身。同室的伙伴们见状，惊慌地呼叫起来。

"高士其，这些毒液会要命的，快赶紧处理！"

"怕什么？做试验总是要担风险的。"高士其不慌不忙，把破裂的试管做了处理后，又专心致志地继续试验。

年轻的高士其当时不会想到，那次的试管爆裂事故竟然为他种下了影响健康的祸根——他感染了甲型脑炎病毒。左耳听不清声音了，脖子也转动困难。最糟糕的是，他那双灵巧麻利的手经常颤抖，好像不是自己的了。

这是怎么了？高士其找权威医生诊断。医生说："一个月前，你曾经患过炎症，而那次破裂试管中的病毒，恰好顺着患炎症的左耳膜侵入了小脑，从而破坏了小脑的运动中枢。"

这位美国医生还给出了一个可怕的判断："你最多还能活 5 年，回去好好休息吧！"

就这样，高士其被判了"死刑"。

转行写科普

如此年轻就被判"死刑"，这对高士其的打击是致命的。他是怀着科学救国的愿望来美国求学的，可是还没有完成学业，就被病毒击中了。他感慨道："真是'出师未捷身先死，长使英雄泪满襟'。"

虽然医生劝告高士其中止学业，立即回国休养，可他仍有自己的打算。尽管每周都要发一次病，每次发病脖颈都会发硬，两手抖动不止，他还是坚持研究病毒、细菌，终于完成了医学博士的全部课程。

大学毕业后，高士其回到了阔别多年的祖国。这位海外游子是怀着满腔热忱归来的。等待他的，没有鲜花和红毯，而是饥饿和失业。历尽周折，他终于在南京中央医院的检验科找到一份差事。在医院搞检验是离不开显微镜的，高士其和院里领导请示，要购置一台显微镜。

可是报告递上去好多天了，就是得不到批准。高士其生气了，直接面见领导陈述利害，却被人家数落一顿回来了。

"院里没有这笔开支，不买！"

"你不买显微镜，我就不干了！"高士其的犟脾气又上来了。

"不干，现在你就走人！"

高士其离开南京去了上海。在上海，他结识了董纯才、张天翼、艾思奇等文化界的进步人士。

"士其，你年轻，又曾留学海外，有一件事，你可以试试做。"朋友们给他出主意。

"什么事？我能做什么？"

"你是科学家，可以把科学知识用通俗易懂的大众语言写成科普文章，这同样也是科学救国的一条光明之路呀。"

"转行写科普？我能行吗？"高士其虽然有些怀疑自己，但还是开始尝试了。

一发不可收

1933年，高士其的第一篇科普作品《三个小水鬼》发表了。1935年，他又发表了第一篇科学小品《细菌的衣食住行》。既有科学知识，又十分有趣的文章一篇篇地在高士其笔下诞生了，深受读者们喜爱。短短几年他就写出了上百篇科普作品和论文，为中国科学文艺作品的诞生做出了开创性的贡献。

他的代表作《菌儿自传》《细菌大菜馆》《微生物漫话》《细胞的不死精神》《细菌与人》等优秀作品多次印刷再版，有的还被翻译成多国语言出版。

新中国成立后，在北京平面胡同的一个房间里，高士其开始了新的创作生涯。他的创作势头一直未减，每天闻鸡起舞。写好之后，他还要三番五次地修改。在差不多40年时间里，高士其创作了400多篇科普论文和科学小品、200多篇科学诗歌，著了20多本书。这是多么丰硕的成果，又是多么艰苦的劳动！

我们一起来读他的科学小品《听打花鼓的姑娘谈蚊子》。他巧妙地用凤阳花鼓调，既写了蚊子的危害，又写出了劳动人民在旧社会

的痛苦，具有很强的艺术感染力。

> 说弄堂，话弄堂，弄堂本是好地方，
>
> 自从出了疟蚊子，十人倒有九人慌。
>
> 大户人家挂纱帐，小户人家点蚊香，
>
> 奴家没有蚊香点，身带疟疾跑四方。
>
> ⋯⋯⋯⋯⋯

他创作的《热血和冷血》一书以提问的方式，把当时世界最先进的科学知识，用通俗的语言表达出来。比如：

> 有热血动物，有冷血动物，这是我们一般人所知道的。这热与冷之分在哪里呢？我们现在要追问了。我们先探一探动物身上的热气，是从哪里发生出来的。

这样的科普文章，今天读起来，仍然让人觉得趣味横生。

不落的星辰

高士其的一生，有半生是在瘫痪状态下度过的，但他从来没有丢掉写作的笔。后来，由于病痛加剧，他已经没有办法握笔写字了，只能通过口述的方式进行创作。

别人写一篇文章，可以边想边写，累了可以休息，让大脑短暂放松。但高士其不一样，他写一篇文章要进行紧张的思考。不管是几千字还是上万字的文章，他要先在自己的大脑中整理成章。而每次处于这样的思考状态时，他的手脚就会剧烈颤抖，眼球上翻，症状就和犯病时一样。

"快歇一歇吧，别太劳累了。"家人都劝他多休息，但他怎么也不听，直到将文章在脑海中构思好才会安静下来。

高士其是在用生命创作的。为了搜集科普素材，他曾坐着轮椅到鞍钢、大庆、呼伦贝尔草原、西双版纳丛林等地去观察。

　　1984年12月，高士其亲笔写下自己的座右铭："我能做的是有限的，我想做的是无穷的。从有生之年到一息尚存，我当尽力使有限向无穷延伸。"这也是他光辉一生的真实写照。

　　高士其是一位不屈的科普战士，被誉为"中国科普的一面旗帜"。在他逝世后，国际小行星命名委员会将3704号行星命名为"高士其星"。

王淦昌：我愿以身许国

王淦昌（1907~1998），江苏常熟人，核物理学家，中国核科学的奠基人和开拓者之一，中国科学院院士、"两弹一星"功勋奖章获得者。

求学之路

王淦昌在上海浦东中学接受了现代教育，打下了坚实的数学和英语基础，后来考上了清华学校（现清华大学），走上物理学研究的道路。大学毕业后留校任教。后来，他获得了江苏省公费留学名额，远赴德国柏林大学读研，成为著名实验物理学家迈特纳教授唯一的中国学生。

在德国，王淦昌废寝忘食地学习，成绩一路领先。他知道自己必须学好本领，才能报效祖国。

快毕业时，教授劝他留在德国："你们国家那么落后，你就别回去了。像你这样的人才，在德国、美国或者英国才有可能在科学研究上取得成果。"

王淦昌笑着说："我的国家现在落后，但不会永远落后。"

"科学是没有国界的，但中国没有你需要的科研条件呀！"

王淦昌回答："科学没有国界，但是科学家有祖国。我的祖国正在遭受苦难，我要回到祖国去，为她服务！"

1933年12月，年仅26岁的王淦昌成为物理学博士。第二年春天，他乘轮船回到了他日思夜想的祖国，先后在国立山东大学（现山东大学）、国立浙江大学（现浙江大学）任物理系教授。他手执教鞭，站在三尺讲坛，培养了一大批卓越的物理人才。

改名"王京"

1949年12月末，王淦昌应钱三强的邀请，来到北京商量科学研究计划。

"咱们的新中国刚刚成立，百废俱兴，急需像你这样的专业人才。你还是到北京来吧，这里需要你！"

"好，我来北京！"王淦昌本来是一腔热血扑在教学上，可是听说国家需要，便答应了。

和钱三强谈完话后，王淦昌从北京回到家，于次年2月告别家人、朋友、同事去了北京，正式进入中国科学院研究所。

转眼到了1961年4月3日，王淦昌接到时任第二机械工业部部长刘杰约见的通知。

"今天找你来，是要向你传达中央一项重要决定。"刘杰郑重地说，"国家从全国挑选精兵强将为核武器研制服务，你被选中了。你们将集中在大西北进行封闭攻关，这意味着，从现在开始，你要放弃自己的研究方向，改做你不熟悉但国家迫切需要的应用性研究。"

"国家的需要，就是我的需要。请组织放心，我完全服从！"

刘部长笑了："还有一个小条件，要和你商量一下。"

"请讲！"

"这项工作绝对秘密，你的名字要改一下。"

王淦昌思忖了一下，点了点头："没有问题，我重起一个新名字。"

"现在就起！"

王淦昌稍作思考，拿起笔，在纸上写了两个字：王京。

"王京？好，这个名字好！"

王淦昌转向窗外。他知道，在以后的若干年中，自己将不能在世界学术领域抛头露面，不能交流学术成果，不能获得最前沿的科技信息，不能按照自己的兴趣进行科学探索，更不能实现自己成为世界顶尖科学家的梦想了。

但王淦昌深深明白，中国，不能没有原子弹！

每天都吃"芝麻盐"

在河北省怀来县的燕山脚下，一支神秘的部队悄悄在一个村庄旁驻扎下来。他们没有住进老百姓的民居，而是自己搭建军用帐篷，在帐篷外埋锅做饭。没有人知道这些人在做什么事情，但是，如果有人想靠近这些帐篷，就会被持枪站岗的保卫人员拦下。

王淦昌就是这个团队的负责人。他们的任务，就是在这里进行爆炸试验。

"我们来这里已经一年多了，我有点儿想家了。"一个小战士对王淦昌说。

"我也想呀，可是我们的工作还没有完成呢。"

"我们在这儿进行了上千次的爆炸试验，什么时候能结束呀？"又有战士来问。

"已经看到希望了，这儿的试验结束后，咱们转战新的战场。"

王淦昌鼓励大家。

那里的气候条件十分恶劣，试验基地正好处在风沙口，有时大风能把军用帐篷掀起来，有时吃一顿饭会遇上几次风沙，常常是一碗饭半碗沙。王淦昌的牙被沙子硌得发出吱吱的响声来，却还乐观地说："咱每天都吃'芝麻盐'，这样身体才能壮实呀！"

夜深了，王淦昌还在煤油灯下整理研究资料。帐篷外面刮着黄风，卷着沙子，可丝毫不会影响专心致志埋头工作的王淦昌。常常是早晨的太阳升起来了，他还没有睡觉呢。

"核弹先驱"

告别了河北省怀来县爆炸试验基地，这支神秘的队伍又转战到祖国大西北的核试验场。那里的生活条件更艰苦。最大的困难是，在海拔 3200 米的高原，水烧不开，馒头蒸不熟。一些年轻人叫苦不迭，而王淦昌这位当时年龄最大的科学家，却总是乐呵呵地面对这一切。

一次去开会，时任外交部长陈毅问王淦昌："你的那个东西什么时候响？"

因为这项任务要严格保密，王淦昌没有说话，只是笑了笑，点点头。

陈毅高兴地说："好呀，你的这个东西响了，以后我这个外交部长的腰杆子也就更硬了。"

1964 年 10 月 16 日，中国人民永远不会忘记这一天——中国第一颗原子弹终于试爆成功了。

1967 年 6 月 17 日，第一颗氢弹也爆炸成功了，我国成为世界上从原子弹到氢弹发展时间跨度最短的国家。而这里面，就有王淦昌的心血，人们称他为"核弹先驱"。

履行"以身许国"誓言

王淦昌的办公环境非常朴素，没有任何装饰。靠近办公桌的墙上，有一幅书法家的墨迹，写的是："老骥伏枥，志在千里，烈士暮年，壮心不已。"他以此自励，这同时也是他人生的真实写照。

"献身、创新、求实、协作"是科研道德的四要素，王淦昌一生在这些方面为后人做出了表率。

他晚年时，更是关心我国科学技术，特别是高科技事业的发展。

1999年，为了表彰王淦昌的突出贡献，中共中央国务院、中央军委追授王淦昌"两弹一星"功勋奖章。

王淦昌用一生所学和一腔报国赤诚，履行了他"以身许国"的誓言。

赵九章：东方红一号飞向太空

赵九章（1907~1968），祖籍浙江湖州，地球物理学家，中国科学院学部委员（院士）。倡导发展人造卫星事业，开创高空探测研究，组建空间科技队伍，开展遥测、跟踪技术、核爆炸试验的地震观测、冲击波传播规律等研究。中国人造卫星事业的倡导者和奠基人之一，1999年9月被追授"两弹一星"功勋奖章。

煤油灯下的苦读

赵九章的祖籍是浙江，而他的出生地是河南开封。因为生日在重阳节，重阳为"双九"，所以父亲给他起名为九章。

父亲是位老中医，本来他想让赵九章子承父业，走悬壶济世的行医之路。可是少年时期的赵九章受到当时新思潮的影响，选择了一条科学救国的道路。

"你想学科学，我并不反对，但家里总得有人挣钱呀。"父亲有些发愁。

在赵九章14岁那年，赵家出现了难以解决的经济困难。父亲一咬牙，中断了儿子的学业，把他送到了一家交易所里当学徒。赵九章虽然对父亲的安排并不情愿，但因生活所迫，也只好服从了。

那时，赵九章已对物理学有了浓厚兴趣，虽然离开了学校，却离不开物理，他带着一摞厚厚的物理书，住进了店里。

白天工作忙，没有时间看书，到了晚上，他就悄悄把书拿出来读。那个年代还没有电灯，他就点一盏煤油灯看书。很快，他夜晚读书的事被老板娘发现了。吝啬的老板娘不允许赵九章每天晚上点着煤油灯读书。

赵九章没有和老板娘争执，而是用纸皮制作了一个灯罩，只留下一个小孔透光，晚上借着那一丝光线来读书。但是，他还是被老板娘捉住了。老板娘撕烂了他的纸灯罩，罚他一个月不许吃晚饭。赵九章没有被困难吓倒，又想出一个新办法：把书本裁成小纸条塞在上衣的口袋里。白天，他一有空就抽出来看两眼。就这样，他用半年的时间，自学完成了中学的物理课程。

1922年，15岁的赵九章以第一名的成绩考进了河南留学预科班。

淡泊明志

1929年，是赵九章人生中的转折点。这一年，他考进了国立清华大学。在清华园里，他遇到了好几位德高望重的老师，如叶企孙先生、竺可桢先生等。赵九章学习努力，各科的成绩十分优异。临毕业时，他完全可以很轻松地在国内谋到一份不错的工作，过上衣食无忧的幸福生活。可他并不满足，把目标放在了海外。

"我想出国学习！"

"我们支持你！"教授鼓励他。

1935年，赵九章考到德国柏林大学，攻读高空气象、动力气象和动力海洋学。

1938年，赵九章拿到了博士学位，当时正是国内全面抗战爆发的紧要关头。他回国后，先到舅舅戴季陶的身边担任机要秘书。戴季陶是政府要员，本想提携一下外甥，可赵九章看不惯政府的腐败，坚持洁身自好，绝不同官僚阶层同流合污。

赵九章的妻子吴岫霞出身乡绅家庭，嫁给赵九章后，一直过着非常简朴的生活。一天，一个熟人在街上遇到了赵九章夫妇。聊天时，这个熟人不时地看他们的穿着："九章兄，你也是留学回国的大人物了，怎么能让自己的太太穿着打了补丁的裤子呢？"

赵九章笑了笑说："请兄台不要见笑，我和太太对吃穿并不在乎，我着急的是怎么能把国外的先进技术引进来！"

他的妻子也笑着说："是的，我嫁给了九章，就等于嫁给了他日思夜想的气象和空气喽！"

当时，中央研究院的气象研究所位于嘉陵江的一个小岛上。而赵九章的家就是一个小小的窝棚，上面搭了十几块木板。临近过年，赵九章特意买了红纸，写上"淡泊明志，宁静致远"当春联。

别人过年放鞭炮，赵九章就在这个小窝棚里钻研他喜爱的气象学。

不去台湾

赵九章是一个少有的全能型科学家。他除了钻研地球物理学、空间物理学等学科外，还特别热爱古典诗词。他最喜欢背诵庚信的《哀江南赋》，以及辛弃疾那些充满爱国情怀的诗词。因为他是一位爱国者。

1948 年，国民党大势已去，南京政府命令中央气象研究所迁往台湾。上司派人找到赵九章："你赶紧收拾一下，带着全家去台湾。

马上就走，船票已经给你们准备好了！"

"我不去台湾。"

"到了台湾，你还可以专心致志研究气象学，生活条件不会降低。"

"我离不开生我养我的这块土地。"赵九章边说边望着窗外，丝毫不为所动。

上司看到赵九章没有去台湾的打算，就催促他不要讲任何条件和理由，马上去台湾。

赵九章在回电中，是这样写的："八年抗战，颠沛流离，实不堪再动。"

解放南京的那个夜晚，他静静地坐在家里，遥望东方，对妻子说："天亮了，我们会看到希望的。"

中国也要搞人造卫星

新中国成立后，赵九章全身心投入到科学研究和工作中，每天忙着教学、写作、科研，充满了活力。

1957年10月4日，苏联发射了世界第一颗人造地球卫星，震惊了全世界。

"人造卫星上天了，这是人类文明进步的一件大事！"赵九章的血液像黄河一样奔腾起来。

他开始写文章、作报告，在各种场合发表讲话，阐述人造卫星的重要性和深远意义，倡议中国也要造人造卫星。

1958年，毛泽东主席说："我们也要搞人造卫星。"

很快，国家有关部门决定组织一个卫星研究班子，由赵九章负责。此后便是数年的扎实预研。1964年底，赵九章结合六七年来卫星预研工作的基础，给周恩来总理写了一封信，建议将发射卫星正式列入国家计划。

这封信受到了周总理的重视，指示有关部门落实赵九章提出的建议。

短暂辉煌的一生

为了钻研人造卫星，赵九章倾注了自己的全部心血。他亲手绘制的蓝图已经逐渐变成现实。

让人痛心的是，1968年10月26日，赵九章离开了这个世界，年仅61岁。

1970年4月24日，我国自主研发的第一颗人造卫星"东方红一号"顺利发射升空。这颗卫星融有赵九章全部的智慧和心血。可惜，他已经看不到了。1999年，赵九章被追授"两弹一星"功勋奖章。

2007年，在赵九章百年诞辰之际，紫金山天文台将一颗编号为7811的小行星，命名为"赵九章星"。

中科院空间研究所的前门厅设有赵九章的铜像，他那双炯炯有神的眼睛，望着天空，一直激励着后人。

"他的离去就像太阳一样，五十多年来无人敢直视他的光芒。"

"他是学空间物理的，他知道太阳是怎样发光发热，来照亮别的行星的。"

这是他的同事、学生对他的评价。祖国和人民将永远铭记赵九章的名字。

华罗庚：从初中生到清华教授

华罗庚（1910～1985），祖籍江苏丹阳，出生在常州。数学家，中国科学院院士。主要从事解析数论、矩阵几何学、自守函数论等领域的研究，国际上以"华氏定理"命名他的数学科研成果。被誉为"中国的爱因斯坦"。

偏科的小学生

华罗庚出生时，父亲华老祥已经 40 岁了，不惑之年得贵子，华老祥喜出望外。

华老祥担心儿子养不大，便按照当地民间的办法，把儿子放进了一个箩筐里，寓意"可以生根，好养活"。

"放进箩筐避邪，同根百岁，就叫'箩根'吧！"这个男孩因此有了名字"箩根"。后来，他们将"箩"字去掉"竹"字头；而"根"与"庚"音近，那年又是庚戌年，就用了一个"庚"字。这就是华罗庚名字的来历。

华罗庚在小学时，成绩并不好，连毕业证书都没有拿到。他太调皮了，还偏科，特别喜欢数学。

有一次，数学老师出了一道算术题——有个数，3 个 3 个地数，余 2；5 个 5 个地数，余 3；7 个 7 个地数，余 2。问这个数是几。

看着这道奇怪的题，同学们一个个愁眉苦脸，就是算不出答案。

这时，华罗庚微微一笑，胸有成竹地对老师说："我算出来了，是23。"

同学们都呆住了，就连老师也十分惊讶。

华罗庚十分喜欢动脑筋，总是追求更简便的算法。还有一次，老师在教学生做数学习题，题目大概是"已知一个图形，设为长方形，求剩下图形的面积"。华罗庚没有采用老师教的方法，而是用了一个更简便的方法。这让老师对华罗庚刮目相看："这个学生在数学方面聪明过人，很有天赋，将来在数学研究上会有成就的！"

熊庆来慧眼识才

发现华罗庚并把他引进清华的，是熊庆来教授。

熊庆来教授不仅在数学领域有着独特的见树，还是一个非常爱惜人才的长者。

这天，熊教授翻看一本名为《科学》的杂志，上面的一篇论文吸引了他——《苏家驹之代数的五次方程式解法不能成立之理由》。

熊庆来是熟悉苏家驹这个人的。苏家驹是一位著名的数学家，一生都在专心进行数学研究。他在上海《学艺》杂志上发表了《代数的五次方程之解法》，而这个叫华罗庚的人，竟然发现此文有一处计算差错，便写出这篇论文。

"这个华罗庚是谁？"熊庆来举着杂志问他的同事。

"不认识，没听说过。"

熊庆来又问："他是在哪个大学教书的？"

一位江苏籍的教员想了好一会儿才说："我弟弟有个同乡叫华罗庚。他哪里教过什么大学啊！他只念过初中，一二十岁那样，辍学在家帮助父亲看店卖货。"

熊庆来不禁感叹，初中生能写出如此高深的数学论文，必是奇才。虽然没有见到面，但熊庆来已经从他的文章中看出了一种闪耀着光芒的才气。他当即做出决定——要将华罗庚请到清华来。

经过几番周折，熊庆来终于见到了华罗庚。

"你很有数学天赋，我希望你到清华。"熊庆来向华罗庚抛出了橄榄枝。

"我？来清华？不行，我没有文凭呀。"显然，华罗庚感觉有些不现实，也有些自卑。

"你行的，不是让你来清华学习，而是让你来工作的。"熊庆来笑着说。

"让我到清华工作？"

"对，这里海阔天空，会让你的才华得以展示。"

就这样，华罗庚被破格录用为清华大学算学系图书室助理员，一边工作一边听课。1933年，他进入数学系担任助教，后来升为教员。他的数学天赋在这里得到了全面的发展。

一个人的命运，就这样发生了质的变化，偶然中蕴藏必然。

奔向祖国的怀抱

1936年，华罗庚前往英国剑桥大学留学。

海尔布伦教授看好这位来自中国的学生，有意要帮助他。一天晚饭后，和华罗庚走在校园的甬路上，海尔布伦教授问他："你到剑桥学习，有什么打算？"

华罗庚真诚地回答："我只有两年的研究时间，就想要多学一些东西。"

"你不想拿一个博士学位吗？"

"没考虑。"

"剑桥的博士是很多人梦想得到的荣誉。"

海尔布伦知道华罗庚只有初中学历，到剑桥大学留学，学位是多么有诱惑力呀。可是，他想错了。

华罗庚笑着对他说："读博士虽然很有吸引力，但太浪费时间了。我来剑桥大学是为了求学问，不是为了学位。"

华罗庚的这番话，让海尔布伦感到十分意外。他激动地说："从东方来英国的人，不稀罕剑桥大学的博士学位者，你是第一个，你给了我一个惊喜。"

海尔布伦很快成为华罗庚的好朋友，在求学和生活中给他提供了很多帮助。而华罗庚在英国期间，追求真才实学，把名誉、地位完全放弃的事迹，成为剑桥大学传颂的一段佳话。

1946 年，华罗庚又到美国深造。新中国成立后，他毅然决定放弃在国外的优厚待遇，奔向祖国的怀抱，担任清华大学数学系主任。

积极推广"双法"

华罗庚在解析数论、典型群、矩阵几何学、自守函数论等领域，进行了大胆开创。他的许多研究成果被国际数学界命名为"华氏定理""布劳威尔－加当－华定理"。

20 世纪 50 年代后，华罗庚致力于把数学应用于生产实际，倾力推广优选法、统筹法，被誉为"人民的数学家"。

优选法和统筹法是两种数学方法的名称，简称"双法"。华罗庚认为在实际工作中推广应用优选法和统筹法可以使管理工作改变面貌，在生产过程中实现优质、高产、低消耗的目标，有助于提高效率。

1964年，华罗庚给毛泽东主席写信，把自己多年考虑成熟的想法做了汇报，并建议在生产实践中推广优选法和统筹法，以提高管理水平和效率。

毛泽东主席看了他的信，很激动，热情地回信称赞他"壮志凌云，可喜可贺"。这给了华罗庚巨大的鼓舞，他开始将精力放在普及应用上。

1972年6月，华罗庚到辽宁省营口市推广优选法和统筹法，并作学术报告。中央新闻电影制片厂专门派出摄制组，为他拍摄了新闻纪录片。这个纪录片很快在全国上映了，各地纷纷掀起了学习、推广"双法"的热潮，积极应用"双法"指导工作和生产，取得了良好的成效。

1975年，华罗庚在大兴安岭推广"双法"时，由于积劳成疾，突发心肌梗死。他昏迷了六个星期，一度病危。可是病情刚稳定，他又投入到工作中。

工作在生命最后一刻

1985年6月12日下午4点，东京大学数理学部的讲演厅座无虚席，聚集了来自日本全国各地的数学界师生，他们都来聆听华罗庚的学术报告。

为了这个报告，华罗庚早就做了认真的准备。他的报告题目是《理论数学及其应用》。

华罗庚的演讲非常精彩，听众反应热烈。讲到兴奋之处的华罗庚或许感到有点儿热，便把西装脱了，讲了一会儿，又把领带也解开了。讲着讲着，原定的时间到了。可是他仍有一种意犹未尽的感觉，对观众们说："我还可以延长几分钟吗？"观众用热烈的掌声来回应他。

讲完后，讲台上的华罗庚身子晃了一下，随后倒了下来。医生赶紧跑上前去，初步诊断是急性心肌梗死发作。

华罗庚被紧急送到医院进行抢救。遗憾的是，华罗庚于当日晚上逝世了。他在生命的最后一刻，也没有离开自己挚爱的数学事业。

华罗庚是在国际数学界久负盛誉的科学家。他以一纸初中文凭到清华任教授的佳话，至今仍然被人津津乐道，而他自强不息、敢攀高峰的精神，更是激励着无数后人励志成才，实现梦想。

2009年，中央有关部门联合评选"100位新中国成立以来感动中国人物"，华罗庚榜上有名。

蔡旭：小麦人生

蔡旭（1911～1985），江苏武进人，农业教育家，中国科学院院士，小麦栽培及遗传育种学家，小麦杂交育种的开拓者。新中国小麦育种工作的奠基人之一。

最珍贵的宝贝

青少年时期的蔡旭，对农业有着浓厚的兴趣。在父亲的支持下，他选择了当时的南京中央大学农学院。从此，他的一生便与小麦联系在了一起。

1937 年，日寇发动七七事变。位于南京的国民政府决定，将国立中央大学迁到大后方的重庆沙坪坝。

学校搬迁，师生们要携带各种行李和书籍。在学校任教的蔡旭忙得不亦乐乎，又是组织同学们整队出发，又是安排途中用餐和休息。不过，不管怎么忙，他随身带的一个竹编的箱子，一直像宝贝似的不许别人乱碰。他上厕所时，也要把它安排给最信任的学生："这个箱子帮我照看一下！"

大家在背后议论纷纷。

"蔡老师的这个箱子里有什么宝贝呀？"

"肯定是好东西，我猜是古玩文物！"

"嗯，不是文物也是金银细软呀！"

大家猜来猜去，谁也猜不出来是什么。

有同学忍不住问蔡旭："蔡老师，您的这个箱子里装的是什么宝贝呀？快打看让我们看看。"

"你们想看，现在还不是时候哟！"蔡旭神秘地笑了。

到了重庆的新校址，蔡旭才郑重地将这个箱子打开。咦，里面竟然是用来育种的小麦。

"这些小麦种子是我花了好几年时间培育的。来来来，同学们，现在最重要的事情就是把这些麦种播下去！"

"播麦种？咱们刚来重庆，还没有安营扎寨呢！上哪儿去播麦种呀？"

蔡旭一笑："嘿嘿，地方我都看好了，就在这个学校后面的坡地上！"

就这样，蔡旭带领同学们将麦种播了下去。

"南大 2419"

冬去春来，在重庆的这片坡地上，青青的麦苗破土而出，显现出勃勃的生机。当时，任何人也没有想到，这个小小的坡地，日后竟然成为闻名全国的"南大 2419"发源地。

什么是"南大 2419"？"南大 2419"也称"中大 2419"，是由蔡旭参与首次培育出的一种小麦新品种，以推广栽种面积广、衍生种系庞大而载入农业史。

这个新品种从国外引进，先后在南京、重庆、成都等地试验，又经系统选择和繁育，培育出新的品种，具有早熟、抗条锈病、抗吸浆虫、秆强抗倒、穗大粒饱、适应性广等优点。

人类栽培小麦历史悠久。小麦磨成面粉后可制作面包、馒头、饼干、面条等食物，发酵后可酿酒，是人们生活不可或缺的食物。但小麦产量低、易遭虫害等缺点，也困扰着一代又一代的农业科学家们。蔡旭参与培育的"南大2419"，解决了这个难题。

带回3000多份小麦资源

从"南大2419"开始，蔡旭和他的研究团队一直在向小麦的尖端领域奋力攀登。四川北部是我国小麦的主产区之一。蔡旭深入到川北农村，开展实际调查研究。

为了更好地解决小麦在育种方面存在的问题，1945年，蔡旭萌生了一个想法——去美国学习。

"现在正是战乱年代，你要出国，经费可是个大问题呀。"校方犯了难。

"学校能支持最好，如有困难，我自己想办法也要去。"蔡旭坚定地说。

最终，蔡旭顶着各种压力，踏上了去美国学习的道路。

到了美国，蔡旭先后在康奈尔大学和明尼苏达大学深造，并奔波于美国主要产麦区进行调研，搜集各类农学资料和品种资源。

及至回国，蔡旭已搜集了3000多份小麦品种资源，装了满满当当几个箱子。归途中，他不慎将行李弄丢，却把3000多份小麦种子完完整整地带回国。后来，这批小麦品种资源成为我国小麦育种的重要亲本。

拒绝浮夸风

20世纪50年代末，社会上刮起一阵浮夸风，小麦"亩产几万斤"的报道，也出现在人们的视野里。

蔡旭作为农业专家，特别是研究小麦的科学家，对这样的浮夸风是深恶痛绝的。他不愿意宣传虚无不实的东西，因此也受到了当时激进分子的批判。

后来，蔡旭被舆论推到风口浪尖上。一位领导找到蔡旭，对他说："现在我们很多地方的小麦亩产可达数万斤了。"

"亩产数万斤？怎么可能开这样的玩笑！"蔡旭听了，只是冷冷一笑。

"这次把蔡教授请来，就为一件事。"领导看着蔡旭说。

"我只会种麦子，别的什么也不会做呀。"蔡旭说。

"找你就是种麦子呀。我们找你来，就是要和老农比一比，看谁的小麦产量高。"说完，领导又强调说，"这儿的农民种的小麦单产有数万斤，你敢不敢比？"

"我不比！"蔡旭答，"我尊重的只能是科学。"

"你能种出亩产万斤小麦吗？"领导又追问。

"我办不到！"蔡旭的回答简洁干脆，他因此受到了坏人的诬陷，但他实事求是的做人原则，谁也无法撼动。

常忘记时间

不论是面对学生、工人、干部，还是在课堂、田间、会场，一提到小麦，他便会热情洋溢地谈论起来。在北京的一次会议上，他讲起小麦大面积增产技术的意义与作用，历时一个半小时。与会代表中虽有人不大了解小麦的生产，却也被他的热情感染。

一谈起小麦，蔡旭就没有时间观念，这还表现在给学生上课的时候。

"他上课总是拖堂，到吃饭时间也不下课。虽然我们有时听不懂他的南方口音，但大家宁可不吃饭也要听完他的课。"

"他的课不按教材来，而是加入了自身的实践和心得体会，让我们真正掌握小麦育种的科学知识。"这是学生们对他的评价。

1985年12月15日清晨，蔡旭因前一天晚上查看试验研究资料，突发心肌梗死，抢救无效病逝。他去世后，人们在他撑开的折叠床、双人沙发上看到的竟是各种各样的研究资料。

1989年，为弘扬蔡旭的先进事迹和高尚品德，北京农业大学在农学楼前树立了蔡旭的半身铜像，以志纪念并激励后人。

钱学森："两弹一星"元勋

钱学森（1911～2009），生于上海，祖籍浙江省杭州市。著名科学家，空气动力学家，中国航天事业杰出奠基人之一。被授予"两弹一星"功勋奖章，"国家杰出贡献科学家"荣誉称号获得者。被誉为"中国导弹之父""中国航天之父"。

童年爱学习

钱学森3岁时就已经能背诵上百首唐诗宋词，还能心算加减乘除。邻居相传，钱家真的是生了个"神童"。

一天，5岁的钱学森对父亲说："英雄如果不是天上的星星变的，那我不是也可以做英雄吗？"父亲钱均夫鼓励他："你也能做英雄。但是，必须认真读书，努力学习知识，贡献社会。"父亲经常给钱学森讲"学习知识，贡献社会"的道理。这8个字也深深地印在了钱学森幼小的心灵里。

读小学时，男孩子最喜欢玩用废纸折的飞镖。每次比试，钱学森总是扔得最远，投得最准。同学们不服气：都是一样的纸，一样的地方，他怎么会扔得远？捡起他折的飞镖仔细研究，才发现他折叠的飞镖有棱有角，特别规整，所以投起来空气阻力很小；投扔时又会利用风向风力，难怪每回就数他投得最远最准呢！

小小年纪的钱学森居然领悟了这些空气动力学的常识，这使得同学们和老师都惊叹不已。多年后，钱学森果然成了国际知名的力学和空气动力学家。从这个意义上说，钱学森从小便显露出了良好的禀赋与非凡的天资。

历经万险回到祖国

1949 年 10 月 1 日，当五星红旗在天安门广场上徐徐升起时，钱学森还在美国，他在太平洋西岸看到了新中国的曙光，决定用自己的专长报效祖国。

1950 年夏，钱学森辞去加州理工学院的职务。国际商业联合会出面帮助他订好了机票。他把行李也交给了搬运公司装运。

然而，就在他打算离开时，忽然收到美国政府签署的禁止他离境的法令。他不得不取消行程。

后来，美国当局发出了对钱学森的逮捕令。1950 年 9 月初，钱学森被抓进看守所，"罪名"是"参加过主张以武力推翻美国政府的政党"。

美国当局迫害钱学森引起了美国科学界的公愤。不少美国友好人士出面营救钱学森，为他找辩护律师并募集保释金，才把他从看守所里保出来。

1955 年 6 月，钱学森写信给当时的全国人大常委会副委员长陈叔通同志，请求党和政府帮助他早日回到祖国的怀抱。周恩来总理得知后非常重视此事，并指示有关人员在适当时机办理此事。经过努力，1955 年 10 月，钱学森一家人终于回到阔别多年的祖国。不久后，他便被任命为中国科学院力学研究所所长。

历史性跨越

1956 年初，钱学森经过深思熟虑，向中共中央、国务院提出关于《建立我国国防航空工业的意见书》，就我国火箭、导弹事业的组织方案、发展计划和具体措施发表了精辟的见解，受到党中央的高度重视。

很快，钱学森受命负责组建我国第一个火箭、导弹研究机构——国防部第五研究院。当年 10 月，国防部第五研究院宣布成立，钱学森被任命为院长。新中国的火箭、导弹和航天事业由此开始了艰难的征程。新事业起步，千头万绪。钱学森首先给刚刚分配来的 100 多名大学生讲授"导弹概论"，让这些从未见过导弹的技术人员了解最基本的专业知识。他拟订了空气动力学、发动机等有关专业的学习计划，并指导建立了导弹总体、空气动力学、发动机、弹体结构等研究室。

在酒泉发射场，钱学森和普通科技人员一样，睡帐篷、吃粗粮，进行导弹试验的测试、计算、分析、研究。在苏联突然撤走全部专家的困难条件下，他带领中国科学家们攻克了一道道难关，于 1960 年 11 月，成功进行了我国第一枚导弹（"1059"）飞行试验。聂荣臻高兴地说："这是我国军事装备史上一个重要的转折点。"1966 年 10 月，钱学森又参与组织了我国第一枚装有核弹头的中近程地地导弹飞行爆炸试验，即原子弹、导弹"两弹结合"试验。核弹头在预定地点上空成功实现了核爆炸，此举震惊了世界。我国的国防现代化建设又一次实现了历史性跨越。

钱学森曾向中央提出报告，建议早日制订我国人造卫星的研究

计划并将之列入国家任务。1970 年 4 月 24 日，我国第一颗人造地球卫星"东方红一号"遨游太空，向世界宣告新中国迎来了航天时代的黎明。

又一次重大选择

1982 年，钱学森已经 71 岁了，还身兼中国科协副主席等重要职务。他向组织连续写了两封辞职信："我要退下来，让年轻人来干。"

组织回复："同意先从国防科研领导岗位退下来，但中国科协副主席的职务，还要待换届时再做考虑。"

其实，钱学森急着退下来，并不是要享清闲。他说，"这是我人生的又一次重大选择，就是要回到学术理论研究当中，把科研成果整理出来，培养年轻人！"

从领导岗位退下来以后，钱学森就埋头于学术理论研究当中了。进入 21 世纪，他先后出版了《创建系统学》《导弹概论》（手稿）等多部著作，为我国的科学技术发展从理论上指引了方向。

侯祥麟：他与石油有缘

侯祥麟（1912~2008），广东汕头人，中国化学工程学家，燃料化工专家，中国科学院资深院士。中国炼油技术的奠基人和石油化工技术的开拓者之一，为国家填补了石油石化领域许多重大科技空白。

青春信仰

侯祥麟出生于广东汕头一个普通知识分子家庭。他从孩提时代起，就目睹了社会的大变革。孙中山辛亥革命的果实遭到践踏，连年内乱和军阀混战，使中华民族陷入了更深重的苦难中。

1931年，侯祥麟怀抱着科学救国的理想，考入燕京大学化学系。然而，九一八事变震惊了中国。侯祥麟和同学们一起游行、抗议、请愿，听到了红军的故事。他开始观察和思考，并逐渐了解中国共产党。1935年到1937年间，侯祥麟在上海一边做研究，一边阅读大学书籍，深切意识到"只有中国共产党是真的抗日救国，真正救穷苦大众于水火的"。

1938年，侯祥麟正式加入中国共产党。

毅然回国

1944年，抗日战争胜利前夕，侯祥麟按照党组织的安排，赴美留学。临行前，他来到重庆的红岩村，去看望中国共产党的领袖之

——董必武。

董必武握着侯祥麟的手说："战争马上就要结束了，现在看形势越来越好了。咱们党需要一些科技人才，我希望你能抓紧时间好好学习国外的先进技术，好好地为新中国建设服务。"

侯祥麟是带着党的期望远涉重洋留学的。1945 年初，他来到美国，进入匹兹堡卡内基理工学院攻读化学工程学。

在美国，他结识了不同阶层的学生，对美国社会有了深刻的了解。为了学好英语，他选择与美国的同学同住。很快，他的英语水平和学习成绩迅速提高。

五年的留学时间很快就过去了。1949 年春，博士毕业的侯祥麟受聘于美国麻省理工学院化工系燃料研究室副研究员。这是一个很让人羡慕的职位，但侯祥麟的心里一直装着祖国，装着董必武对他的嘱托。他和几名中国共产党党员积极策划，在波士顿成立了"留美中国科学工作者协会"，他被选为常务干事。

新中国成立的消息传到了大洋彼岸，侯祥麟下定决心要回到祖国的怀抱。

美国的朋友劝侯祥麟："新中国一穷二白，美国是发达国家，你为什么要回去呢？"

侯祥麟回答："我出来留学的目的，就是为祖国。我的国家现在是很贫穷，但我相信，经过我们的努力，一定会把她建设得很富裕！"

1950 年 6 月，侯祥麟经过一个多月的航行，终于回到了祖国。

大公无私

回国后，侯祥麟一心扑在工作上，虽然重权在握，却从不谋私利。熟悉侯祥麟的人都知道，他是一个很"无情"的人，他对身边人的要求近乎苛刻。

早年，他的两个女儿读大学，一个在清华，一个在钢院。两姐妹天天骑车，即便是雨雪天，他也决不允许她们蹭公车。

侯祥麟也从不为身边人说话，他的几任秘书没一个从中沾光的。

20世纪80年代以来，他推荐了很多人出国留学，唯独没有推荐自己的女儿。

"爸爸，我也想出国，你只要说上一句话，或者写一个条子，我的梦想就实现了。"女儿曾经央求他。

可是侯祥麟不为所动："自己的事就靠你们自己去努力吧！我不会为私事动用社会资源的。"

在大公无私上，侯祥麟堪称时代楷模。

从1960年到1982年，20多年间，这位石油科技界泰斗指导过很多学生写论文，学生们多次要求署上他的名字，他总是摇着头说："不行，不行。"

科学院研究室的工作人员都十分了解侯祥麟的为人："他把很多发表研究成果的机会让给了年轻人，自己甘居幕后。"

"五朵金花"

1959年，大庆油田顺利出油，为我国经济的发展注入了活力和希望。

但是，侯祥麟知道，大庆原油的含蜡量非常高，而当时我国的炼油技术又十分落后，因此炼制出来的油品无法满足国家建设的需要。他向上级提出了这个问题。

　　领导非常重视，石油工业部专门召开石油炼制科研会议，并决定由侯祥麟所在的科研所负责，自主开发流化床催化裂化、催化重整、延迟焦化、尿素脱蜡、新型催化剂和添加剂这五项炼油新工艺。当时一部名为《五朵金花》的电影正在全国热播，因此这五项新工艺被形象地称为"五朵金花"。

　　"五朵金花"在侯祥麟的栽培下，迎着阳光绽放了。1965年，这五项炼油新技术开始在全国的炼油厂大量使用。这年年底，我国的石油制品就全部实现了自给，从此结束了中国人使用"洋油"的历史。

一心为公

　　1996年10月17日，侯祥麟荣获了科技界的重大奖项——何梁何利基金科学与技术成就奖。

　　奖金领到后，他没有安排个人花销，首先想到的是要为培养石化高层次后续人才出把力。他捐出50万元，在中国石化总公司、中国石油天然气总公司和石油化工科学研究院协助下，设立了隶属于中国科学技术发展基金会的侯祥麟基金会。

　　他对这笔基金的使用，提出了明确的要求：鼓励优秀青年报考我国高等院校石油加工领域本科学习深造；激励我国科研院所和高等院校石油加工领域的硕士研究生、博士研究生、博士后以及毕业后继续在本学科领域工作的35岁以下的优秀青年科技人员，立志献身于我国石油石化工业的发展。

20 世纪 80 年代初，家乡政府为侯氏家庭落实政策，准备归还侯祥麟祖上在广东揭阳留下的祖屋、花园等房产。老家的侄孙辈来京，请求侯祥麟这位大家长签字，以期收回后分一部分归他们使用。

而侯祥麟却说："我考虑好了，把这些房产全部捐给地方政府，不留尾巴。现在国家办教育事业，困难很多，家乡学校的条件也较差，咱们把这些房产捐了用于办学校吧。"

2008 年 12 月 8 日，侯祥麟走完了他辉煌的一生，他的精神品质却永远为后人铭记。

钱伟长：中国力学之父

钱伟长（1912～2010），江苏无锡人，科学家、教育家、社会活动家。长期从事力学研究，在板壳问题、广义变分原理等方面做出了突出的贡献。被誉为"中国力学之父"。

弃文从理

钱伟长出生在书香门第，父亲是钱挚，叔叔钱穆是著名的国学大师。

受家庭影响，钱伟长从小偏爱文学，捧起《三国演义》《西游记》等经典，读起来爱不释手。

到中学了，他喜欢文科，对历史和文学非常感兴趣，却不喜欢理科，数理化成绩总是一塌糊涂，属于典型的"偏科生"。

有一次，期末考试结束后，同学们都挤在老师办公室看成绩单，只有钱伟长悄悄躲在一旁，不敢露面。

"伟长，你这次肯定考得不错吧？"有同学关心地问。

"唉，别提了，我学习总是不在状态，这次考试肯定会拖大家的后腿的！"钱伟长深深地叹了口气。

果然，钱伟长的物理只考了5分，数学、化学两门学科加一起才20分。英文更差，因为他没有学过，0分。

这样的成绩莫说是要当科学家，恐怕连中学的毕业证书都拿不到，但钱伟长的语文和历史成绩却出奇地好。入学那年语文考试的题目是由著名教授陈寅恪出的。钱伟长不到 45 分钟就写完了作文《梦游清华园赋》，文采斐然。阅卷老师挑不出任何毛病，给了 100 分。从小就喜欢阅读《二十四史》《春秋》《汉书》等历史书的钱伟长，在历史考试中同样拿到了 100 分的成绩。他是以两个 100 分的成绩被清华历史系录取的。

那么，是什么原因让钱伟长弃文从理了呢？是九一八事变。

1931 年，日本发动了震惊中外的九一八事变，中国这个有着五千年历史的文明古国被侵略者肆意蹂躏。

钱伟长从收音机里听到这个消息后，整整一夜没有睡觉。他走进教室，当着同学和老师的面，大声地说："我们的国家因为科技落后，才被人欺辱。没飞机大炮，我们自己造。我下决心不学历史了，要学造飞机大炮！"

后起直追

钱伟长决定弃文从理时，有很多同学和老师劝他。

"伟长，你不要头脑一热改专业，应该发挥你的长处才是。"

"谁说我学物理不是长处，我选择科技救国的决定不会再改啦！"

钱伟长请著名的叶企孙教授和钱穆教授来给他当说客。清华物理系教授吴有训把钱伟长请到了办公室。

"怎么？你要学物理，不学历史了？"

"是的，吴先生，您收下我吧。我不是小孩子随便说说的，我一定能把物理这门课学好，请放心！"

"看在叶企孙和钱穆两位先生为你说情的分儿上，我可以答应你，但有一个条件，你也要答应我。"

"什么条件？我保证答应。"

"给你一年的时间，你的数理化成绩必须超过70分，否则……"吴有训做了一个扫地出门的手势。

"好！一言为定！"

钱伟长知道，清华物理系人才济济，个个精英，要想专业课考过70分，绝非易事。因此，他要比别人付出多十倍、百倍、千倍的努力才行。他像一个疯子似的把自己埋进书里，每天除了吃饭睡觉，都在苦读。晚上10点宿舍熄灯了，他竟然跑厕所里就着微弱的灯光一直读到凌晨。

他像一个运动场上的长跑运动员，不断地努力，以后起直追的毅力，越过一个个障碍，攀登数理化领域里的一座座高峰，迎来胜利的曙光。一年后，钱伟长的数理化成绩出来了，果然都在70分以上。

吴有训对钱伟长喜爱有加："你这个小伙子，真的是一个天才，原来的理科成绩才五六分，现在超过了70分，不容易，会有前途的！"

能得到吴有训的表扬，真的是太幸运了。

钱伟长又提了一个新的要求："吴教授，等我大学毕业后，我想读您的研究生。"

"哦？想读我的研究生，那可不是简单的事，我招研究生是很严格的，你再求别人来走后门？谁也不好使呀！"吴有训一脸严肃。

"我不需要求人说情，咱们考场上见。"

钱伟长继续发力，刻苦攻读。四年后，他以优异的成绩考取了清华物理系的研究生，师从吴有训教授。

国外深造

1940 年 1 月，国家选派优秀学生公费留学，去国外深造。学校经过认真选拔，将钱伟长列入留学生名单。几个月后，钱伟长辗转来到加拿大多伦多大学，跟随导师辛祺研究板壳理论。

1942 年，钱伟长转到美国加州理工学院喷射推进研究所工作，在冯·卡门教授指导下，完成一系列重要研究课题。在美国的校园里，他的研究范围逐渐扩大，从火箭弹道、火箭的空气动力学设计、气象火箭、人造卫星轨道，到气阻损失、降落伞运动、火箭飞行的稳定性……他与教授合作，还发表了世界上第一篇关于奇异摄动理论的论文《变扭率的扭转》。

1946 年，钱伟长回国，在母校当了一名普通的教授。

肩负重任

1956 年，钱伟长被任命为清华大学副校长，与钱学森等人一起创办中国科学院力学研究所，同时担任副所长。

时间到了 1982 年。中央相关部门在研究上海工业大学校长的人选时，有关部门上报来的名单上有钱伟长。可是很多人对钱伟长有争议。他已经是 70 岁的老人了，还能当校长吗？

中央组织部考虑再三，决定请示中央领导。

邓小平同志在请示报告上批示：

"他的任命不受年龄限制。"

1983 年 1 月 19 日，钱伟长任上海工业大学校长，坚持从实际出发，大刀阔斧进行一系列改革，使上海工业大学发生了巨大变化。

不朽功勋

钱伟长为中国的物理学科做出了卓越的贡献。

他参与创建北京大学力学系，开创了中国大学第一个力学专业，招收了新中国成立后的第一批力学研究生。他编写了中国第一本"弹性力学"专著，开设了中国第一个力学研究班和力学师资培养班，创建了上海市应用数学与力学研究所……

他还主持了全国现代数学与力学系列学术会议，开创了理论力学的研究方向和非线性力学的学术方向，为中国的机械工业、土木建筑、航空航天和军工事业建立了不朽的功勋。

在他生命的最后两年多时光里，他几乎是在医院的病房内度过的。意识清醒的时候，他会一个人在病房内摆上围棋，自己和自己对弈；有时，科学家出身的他也会用严谨的科学态度，要求医务工作者反复核对医学报告。

2010 年 7 月 30 日，这位中国科学界的传奇人物于上海华东医院逝世。

这一年，钱伟长被评选为"感动中国"2010 年度人物。

他的颁奖词是这样的：

"从义理到物理，从固体到流体，顺逆交替，委屈不曲，荣辱数变，老而弥坚，这就是他人生的完美力学！无名无利无悔，有情有义有祖国。"

这是党和人民给予他的崇高荣誉，也是他一生的真实写照。

钱三强：中国原子弹之父

钱三强（1913~1992），原籍浙江湖州，生于浙江绍兴。核物理学家，中国原子能科学事业的创始人，"两弹一星"功勋奖章获得者，中国科学院院士。

"三强"原来是绰号

1913年金秋十月的一天，浙江绍兴的一个院落传来了一声婴儿的啼哭——钱家生了一个大胖小子。这个孩子就是钱三强。

钱三强的父亲是大名鼎鼎的钱玄同——北京大学中文系教授，专门研究语言学。当孩子还在母腹的时候，他就想好了名字——钱秉穹。"秉穹"意为"秉性纯良，志存天穹"，大气磅礴，好像要撑起一片苍穹，蕴含着钱玄同对儿子的殷殷期望。

可是，钱秉穹怎么变成"钱三强"了呢？

钱秉穹在家中排名第三。他成绩十分优异，身体素质极佳，体育很强。因此，同学们经常羡慕地说："这个钱老三，身体太强了！"

"是呀，钱老三，钱三强呀！"

在年少的钱秉穹看来，"三强"这个名字是同学们为了调侃他而起的绰号。

他有点儿委屈地将事情的来龙去脉跟父亲讲了一遍，希望从父亲那里得到安慰。

"咦？我感觉'三强'这个名字很不错呀。不能光体育强，德、智、体都争取进步，你干脆就叫'三强'好啦！"父亲经过仔细思考，果断地拍了板。

尽管对儿子寄予厚望，但是彼时的钱玄同并没有想到，未来的钱三强会成为中国科学的核心人物。

获法兰西荣誉勋章

1936年，钱三强从清华大学毕业。之后，他孤身一人赴法留学。在巴黎大学镭学研究所从事原子能核物理研究，师从约里奥·居里夫妇。

在诺贝尔化学奖获得者约里奥·居里夫妇身边工作，钱三强有一种站在巨人肩膀上的感觉。在导师指导下，他完成了博士论文《a粒子与质子的碰撞》，获得博士学位。

后来，钱三强与夫人何泽慧合作发现了铀核的三分裂和四分裂现象，让约里奥教授欣喜若狂。这是约里奥教授实验室的一个重要发现。因此，钱三强获得了法国科学院亨利·德巴微物理学奖，并被聘为法国国家科学研究中心研究员，前途一片光明，被物理学界公认为举足轻重的物理学大师，将会有享不尽的荣华富贵。

可是谁也没有想到，钱三强决定放弃自己在法国拥有的一切，毅然决然回到了中国。临别时，依蕾娜·居里还赠给他一句话："要为科学服务，科学要为人民服务。"

中国有行家

20世纪50年代初，中国的原子能事业还是一片空白，钱三强率领团队在这片白纸上描绘最美的图画。他坚信，有中国共产党的领导，原子能事业肯定会从无到有、从小到大，一步一步地发展起来的。

为了发展原子能事业，1956年，第一届全国人大常委会做出一项重要的决定：成立主管原子能工业的第三机械工业部（后改为第二机械工业部），由宋任穷任部长，而钱三强与刘杰、袁成隆、刘伟、雷荣天等被任命为副部长。

在这个部长与副部长的领导集体中，钱三强是唯一的科学家。

同时，党中央研究决定，由聂荣臻元帅亲自领导原子能事业的发展。聂帅找到钱三强，语重心长地说："三强呀，在咱们国家搞原子能，你才是行家呀！就请你多提建议，有困难就找我。"

"搞原子能，首先需要科技人才，请您多支持。"

"一定支持，你拉名单，我负责调人！"

钱三强为组建科研队伍，将一大批核科学家包括他的夫人何泽慧，以及邓稼先等优秀人才集合在原子能研究的团队里。他大胆创新，寻求突破，开拓了一条中国独立自主的发展道路。

1964年10月16日，在钱三强51岁生日之际，中国第一颗原子弹爆炸成功。两年多后的1967年6月17日，中国第一颗氢弹又爆炸成功。

为什么中国在被极度封锁的情况下，原子能事业还能发展如此之快？当时的西方媒体做出了推测——中国有行家，法国国家博士钱三强应该是中国的核弹之父。

为国家大计建言献策

1978 年，钱三强被党中央任命为中国科学院党组成员和副院长。他上任后的第一件工作，就是立即着手恢复学部的工作。

这项工作异常艰难。组织部门统计，自 1957 年后，已经 20 多年没有增选学部委员了，健在的学部委员平均年龄达 73 岁。因此，增选一批新学部委员，是恢复学部活动的当务之急。

钱三强主动和上级说："交给我办吧！这个事情需要抓紧时间。"在钱三强的积极努力下，学部工作逐渐恢复了生机。1980 年 11 月，选举出新的学部委员 283 人，平均年龄约为 63 岁。此时的钱三强，已年近七旬，他深知，国家的科学事业要有飞速发展，必须建立一整套完整的激励制度，大量培养年轻人。钱三强曾向时任国务院总理李鹏写了一封言真意切的署名信："大家对中国人才'断层'问题深表关切和担忧。人才断层不仅表现在中层，还表现在高层，例如代表中国最高学术荣誉称号的中国科学院和国家科委学部委员，也面临这种状况。"钱三强的信引起了中央领导的高度重视，1990 年 11 月 16 日，国务院批准了中国科学院和国家科委关于增选学部委员的请示，还规定增选学部委员每两年进行一次。

自此，学部工作开始了规范化和制度化的实践，学部发展进入一个新阶段，同时，也为在我国实行院士制度创造了条件。

甘为人梯

钱三强在核物理研究中获多项重要成果，特别是发现重原子核三分裂、四分裂现象，在国际核物理领域产生了重大的影响。他被誉为中国原子能科学之父，为中国原子能科学事业的创立、发展和"两弹"研制做出了突出贡献。而他无私奉献甘为人梯的故事更是广泛流传。

1979 年 4 月，钱三强以中国科学院副院长和浙江大学校长（兼任）的身份，要和全校的师生见面。同学们早早就在操场上等待了。

钱三强手执麦克风，和大家说了几句客气话后，就把话题拉到了读书上。

"你们到学校来，就是读书的，怎么读书，我要谈一谈自己的看法。"钱三强环视了一下大家，用浓重的浙江口音强调。同学们在底下悄声议论着："无非是让我们珍惜时间刻苦读书呗。"

可是钱三强却没有这样说。

"你们到学校是来读书的，可是我坚决反对'读死书和死读书'！"他把语调又提高了几度，"同学们，我希望你们重视交叉学科的学习，倡导跨学科学习和研究！"

钱三强结合自己的读书经历，告诉大家，现代化科学需要的是能够掌握多学科知识的人才。浙江大学要提倡新的教育理念，瞄向国际科技大舞台。

基本上每年大学新生、研究生入学，钱三强总要亲自给大家作报告。

"您老年纪大了，这样的场合就别去了。"有人劝他。

他却说："咱们搞教育，就要甘为人梯，我要以自己的亲身经历来鼓励年轻人，让他们在学习上更少地走弯路。"

如今的浙大校区里矗立着一尊钱三强的雕像，他神态和蔼，手捧书本，周围落满的原子状圆形雕塑，是他一生的见证。

王大珩：光耀中华

　　王大珩（1915～2011），中国光学科学家，我国现代国防光学技术与光学工程的开拓者和奠基人之一。长期从事应用光学科研与教学工作。1985年获国家科技进步奖特等奖，1999年荣获国家"两弹一星"功勋奖章，2018年被授予改革先锋称号。

这是折光现象

　　王大珩出生在一个知识分子家庭，父亲王应伟在20世纪初曾留学日本，是一位天文与气象学家；母亲周秀清极其重视子女的教育。王大珩从小就养成了好读书、爱学习的良好习惯。不过，王大珩的童年正值军阀混战，父亲供职的单位常常发不出工资，家里一直过着清贫的生活。

　　王应伟看儿子聪明又有灵气，便引导他学科学，激发他钻研的兴趣。

　　有一天，王大珩拿着一个透明的水杯喝水，无意中把一根筷子插入杯中。

　　"咦？这根筷子明明是直的，可是进了水里，就变成弯的了！"王大珩惊喜地把父亲喊了过来。

　　父亲笑着对儿子说："真的吗？莫不是你把筷子弄弯了吧？"

　　"怎么可能呢？筷子明明就是一根直直的竹棍，我可没有把它弄

弯。"说着，王大珩又把筷子插进水杯，筷子果然又弯了。插入，拔出，实验了好多次，结果都是一样的。王大珩不明白这是什么原因。

父亲认真地告诉他："这叫折光现象。"

"折光现象？"

"是的，光学看似简单，其实有着深奥的科学。"

"我要学科学，把那些深奥的科学问题都弄明白！"王大珩握着小拳头说。

小名叫膺东

王大珩的小名叫膺东。

这个名字是王应伟起的。膺东是什么意思呢？这要从王大珩出生的 1915 年说起。1915 年，日本帝国主义向中国提出"二十一条"，引起了全国人民极大的愤慨。王应伟因此给儿子起了"膺东"这个小名，寓意是满腔义愤打击东洋——日本帝国主义。

王大珩从小就在心中埋下了爱国的种子，他发誓一定要学习本领，长大后报效祖国，不再让老百姓受列强的欺辱。

就是带着这样的决心，王大珩发奋读书，考上了清华大学物理系。

清华大学毕业后，王大珩又考取了留英公费生，前往伦敦大学帝国理工学院进修光学。从此，光学成了王大珩的终身志趣和事业。

从学校到公司的实验室，再到科研的生产车间，王大珩细心观察，潜心研究，除了学到保密性很强的光学玻璃制造的要害技术，还学会了一套从事应用研究和开发工作的思路和方法，特别是讲求经济实效的意识。这对他后来回国从事光学事业与仪器制造事业，产生了深远影响。

精确到小数点后 5 位

1948 年，王大珩回到了阔别 10 年的祖国，参加创建大连大学并组建应用物理系。在当时物质条件极端匮乏的情况下，他依靠自制仪器为全校学生开设大学普通物理实验课程。

王大珩把国家的需要当作自己的重任。1952 年，中国科学院仪器馆在长春成立，他被任命为代理馆长、所长。后来，仪器馆更名为中国科学院长春光学精密机械研究所。在王大珩的领导下，该所逐步发展成为我国从事应用光学及光学工程研究开发与人才培养的摇篮和科研发展基地。

王大珩在长春光机所一干就是 30 多年。这些年来，他主持单位的业务工作，培养了大批技术人才，有不少人后来成为很有成就的光学科学家。

1964 年，王大珩指导一位赵姓的本科生写毕业论文。王大珩看了论文后鼓励学生："这篇论文基础非常好，但有些论点还需要找专家一起研究，最好是找到长春地质学院的 D 院士一起研究。"

学生苦笑了一下："院士那么忙，怎么会接待我一个学生呢？"

王大珩想了想，笑着说："哦，不用急，我和你一起去，现在咱俩就出发。"

在王大珩的亲自指导下，赵同学的论文几经修改，终于完成了。他高兴地把论文放在王大珩的案头，可是两天后，王大珩又把他找来了。

"我还有一个要求，你必须做到。"

"还有要求？"

"是的，材料性能指标，记住，要精确到小数点后 5 位！"

"小数点后 5 位？"

"对，不能有一丝马虎！"

在科学研究上，王大珩就是这样认真。最后赵同学的这篇毕业论文获得了全国科学大会奖。

一个战略高度的建议

1979 年，我国成立了中国光学学会，王大珩当选为第一届理事长。1983 年，王大珩从长春来到北京中国科学院工作，系统地研究了国内外科学界的动态，并进行了深入的思考。

王大珩认为，如果没有国家层面对科学发展的资金投入，我国的国防和经济建设就不会有飞快的发展与进步。他找到陈芳允院士一起商议，准备向中央提出发展高新技术的建议。

"好呀，我十分同意你的建议，可是光靠咱们俩，力量还是单薄。"陈芳允院士有些担心。

王大珩点了点头，把王淦昌、杨嘉墀两位院士找来，四人讨论"关于跟踪研究外国战略性高技术发展的建议"，定稿后及时上报。

党中央国务院高度重视这个有着战略高度的建议。

很快，这个建议得到了同意，并形成世界瞩目的"863 计划"。

平凡质朴的生活本色

王大珩一生艰苦朴素，严于律己。1983 年 7 月，王大珩调到北京工作时，住在北京友谊宾馆。当时在京做毕业论文的学生听说老校长来了，就想见见他。

王大珩非常想见自己的学生，可是友谊宾馆不是什么人都能随便出入的，房间小不能会客，楼上的会议室是给首长、外宾用的。

"没问题，我有办法！"王大珩还是笑着把学生迎进了友谊宾馆。他在宾馆楼外找了一个有台阶的地方，和大家席地而坐，用了一上午时间和学生交谈。

1998年4月，王大珩和另一位院士回学校讲课。离校前，校办的同志打算给两位院士每人一盒精品人参、鹿茸，以表示感谢，便提前和王大珩的随行人员打招呼。随行人员眼睛一瞪："你们难道不知道他的脾气？要是你们敢送礼，肯定会惹两位院士发怒，挨批评的。"

王大珩就是这样一个人。

还有一次，王大珩和他的同学何泽慧院士要去黑龙江漠河，路过哈尔滨到学校看了看。当时学校接待的同志看两位院士穿的鞋太单薄，便给他们买了双厚棉鞋。王大珩坚持要给钱，可是学校怎么会收呢？

从漠河回来，马上要上飞机回北京了，王大珩还是将棉鞋钱硬塞到了接待同志的衣袋里。

彭桓武：他比星星更耀眼

彭桓武（1915～2007），著名理论物理学家，中国科学院院士。从事固体物理、量子场论等理论研究。先后获国家自然科学奖一等奖一项，国家科技进步奖特等奖两项。1999年被授予"两弹一星"功勋奖章。

跻身"清华四杰"

1915年10月6日，吉林长春，一个男婴呱呱坠地。这个婴儿属于早产儿，一出生便体弱多病。3岁后，他有些沉默寡言，也不合群。这个孩子就是彭桓武。

长辈们看到他这个样子，总是摇头叹气："唉，这孩子也太不爱说话了！"可细心的父亲却观察到了彭桓武的与众不同。他对妻子说："咱家的武不愿意与小伙伴玩，可是看数学书就像着了迷，我以为他看不懂，可是一问，他竟然说得头头是道。"

"这个孩子有点儿怪，你就多教他数学吧，说不定长大后能当个会算账的会计！"母亲对彭桓武并没有太高的要求。

于是，父亲开始教彭桓武简单的加减法。他很快学会了四则混合运算。父亲十分惊喜，觉得儿子是可造之才，便悉心栽培。

彭桓武没有辜负父亲的期望，一年内竟连升三级。1931年9月，16岁的彭桓武考入国立清华大学物理系。

当时在清华大学任教的周培源对彭桓武这个虽然体弱但功课优

异的少年大学生，更是喜爱有加，亲自指导他。在周培源的指导下，彭桓武写出了毕业论文。

"很好，很有新意！"周培源对彭桓武连连夸奖，并收下他做自己的研究生。

在物理系，彭桓武很快就崭露头角，与王竹溪、林家翘、杨振宁一起被誉为"清华四杰"，成为清华园里耀眼的风景。

爱因斯坦关注了他

彭桓武在周培源的精心培养下，各科学业成绩斐然。

"如果你想在物理学科上走得更远更高，我建议你到欧洲留学。"周培源为彭桓武指出了一条人生之路。

"可是我没有门路呀，怎么才能联系上国外的大学呢？"

"我有一些国外大学的朋友，可以介绍给你。"

爱才如子的周培源亲自写信为彭桓武留学寻找关系。

1938 年，23 岁的彭桓武得到留学资格，来到爱丁堡大学，投师于德国理论物理学家、量子力学的奠基人之一马克斯·玻恩门下，成为玻恩的第一个中国学生。

玻恩对学生的挑剔严格众所周知，但彭桓武这位来自东方的青年学子，却让他刮目相看。

在玻恩的指导下，彭桓武于 1940 年和 1945 年分获爱丁堡大学哲学博士和科学博士学位。如此年轻的彭桓武，能取得如此成就，让玻恩喜爱有加。

巧的是，玻恩和科学泰斗爱因斯坦有着 30 多年的交情。在给爱因斯坦的信中，玻恩数次提到这位让他得意的中国学生。当然，爱因

斯坦也对彭桓武这位科学界的新秀充满了期待，并关注着他的成长。

1941年，经玻恩推荐，彭桓武前往爱尔兰都柏林高等研究院从事博士后研究，在著名科学家薛定谔领导的理论物理所工作。

埃尔温·薛定谔在给爱因斯坦的一封信中这样描述彭桓武："简直不敢相信，这个年轻人学了那么多，知道那么多，理解得那么快。"

回国，不需要理由

1947年，在国外事业发展如日中天的彭桓武，遇到了一件事：他同时收到了清华大学、中央研究院等学校的邀请信和聘书。其中一封邀请信中说："我们急需物理学科教授，求贤若渴，诚望先生回乡，屈尊执鞭，为国家社稷培桃育李。"

彭桓武离开祖国已近十年。十年里，他无时无刻不在思念着祖国。

"我出国留学是为什么？就是学习国外的先进科学技术，报效祖国。现在国家需要我，我还等什么呢？"他下定决心辞去国外的职务，最终回到了祖国。

放弃国外优越的条件回到祖国，就已经让他身边的人感到不可思议了；可更让人惊讶的是，他竟然选择了条件艰苦的西部地区，在云南大学当起了物理老师。

很多年以后，有人问彭桓武："当年您已在英国学术界有了极高的声誉与地位，为何还要选择回国？"

彭桓武是这样回答的："回国不需要理由，不回国才需要理由！学成回国是每一个海外学子应该做的，学成不回国才应该问个为什么！"

新中国理论物理第一人

在新中国成立前夕，彭桓武离开云南大学，回到了母校清华大学，开启科研和育人生涯。

在清华大学，彭桓武任物理系教授，先后开设普通物理、量子力学及数学物理方法等课程，并招收理论物理方面的研究生，培养了黄祖洽等一批优秀的物理学家。

1952年到1955年，彭桓武还在北京大学物理系讲授量子力学，并指导北京大学的研究生周光召和严肃。彭桓武指导研究生研究的课题在当时走在了国际前列。周光召与黄祖洽研究生毕业后为我国第一颗原子弹、氢弹的研制做出了重要贡献。

彭桓武对学生既严厉又慈祥，把严谨的治学品德传递给每一位学生。"做研究要把眼光放开，看到每一条可能走的路，不要局限在一点；而每一条路又要坚持把它走到底。这样得到的结果，不管是正面的还是反面的，才有可靠性。"他对学生的这些教导，至今还被广泛传颂。

中科院原院长、中科院院士、"两弹一星"功勋奖章获得者周光召，曾这样评价彭桓武：就新中国的理论物理事业而言，彭桓武是第一人……从队伍的培养组织到一些基地建设，都是由彭桓武起头的。

他比星星更耀眼

多年播撒的汗水，终于迎来丰收的果实。

1982年，《原子弹氢弹设计原理中的物理力学数学理论问题》

荣获国家自然科学奖一等奖，彭桓武是第一完成人。奖章应该放在何处？

按照相关政策规定，奖章应该授予名单中排名第一的获奖者。彭桓武排名第一，理应由他来保存。彭桓武却提议由单位保存，献给为科技事业贡献过力量的每一个人。他还提笔写下14个字："集体、集体、集集体；日新、日新、日日新。"

如今，这块代表着国家最高荣誉的奖章，仍然摆放在彭桓武工作的研究所里，激励着后人发奋努力，攀登科学高峰，为国家争光。

1995年，彭桓武获得何梁何利基金科学与技术成就奖。他捐出100万港币的奖金，设立了"彭桓武纪念赠款"，用以帮助那些早期在科学研究中健康受到损害的同志。

1997年10月6日，国家天文台发现了一颗小行星，这一天正好是彭桓武的生日。2006年，中国科学院和中国科协举行仪式，正式将这颗小行星命名为"彭桓武星"。

"本来明月是前身，玉骨冰肌别有真。"彭桓武以一颗纯真的赤子之心追求真理，报效祖国。2007年2月28日，彭桓武走完了他光辉灿烂又潇洒出尘的一生。他在遗嘱中交代，自己什么都不留，连骨灰都要撒在祖国的土地上。

太空里那颗名叫"彭桓武"的行星永远记得他，他比星星更耀眼，更闪烁。

任新民：壮志在蓝天

任新民（1915～2017），中国科学院学部委员（院士），中国导弹与航天技术的重要开拓者之一，"两弹一星"功勋奖章获得者。他曾担任我国试验卫星通信、实用卫星通信、"风云一号"气象卫星等大型航天工程的总设计师，被誉为中国航天"总总师"。

留学，是为了国家的强盛

青少年时期的任新民刻苦好学，聪明上进。1935年，他考入国立中央大学化学工程系，品学兼优，受到老师和同学们的夸赞。

1937年夏，卢沟桥事变爆发。面对日本帝国主义的侵略，任新民义愤填膺，准备走出校门，拿起枪上战场，卫国杀敌：

"同学们，走吧，我们要上前线！"

"新民同学，救国更需要有先进科学和文化的知识青年，我不同意你辍学从戎。"老师理智地劝一腔热血的任新民，"你掌握了科学技术，才能让国家强壮起来。"

任新民突然觉醒了，找到了奋斗目标。为了抗日战争的胜利，他转考南京国民政府军政部兵工学校大学部。身在校园，心系前线，抗日战争中，手持落后武器装备的中国军人用血肉之躯抵抗日军飞机大炮的场景深深刺激了任新民。

"国家落后，就会挨打受欺负。没有科学和现代武器，怎么能行呢？"任新民仰天长叹，为国担忧。

1944 年，任新民听说国家选派公费留学生去美国留学，觉得这是一个千载难逢的好时机，不能放过。

"我要出国学习科学技术，早一天让咱们国家强盛起来！"

"可是，新民呀，你已结婚成家，马上就要当爸爸了，怎么能抛家舍业，漂洋过海留学呢？"同事们劝他。

"没有国家的富强，哪有小家的幸福？"任新民握紧拳头，坚定地说。

1945 年，30 岁的任新民作别妻子和儿子，踏上了出国留学的征途。在美国，任新民为了学习科学知识，真是拼了。他当年的室友，后来任东北工学院院长的李勋对他记忆犹新："在美国，除了维持生计打工外，他几乎把所有时间都用来学习和钻研功课了。"任新民只用了四年时间便获得了机械工程硕士和工程力学博士学位。

又一个机遇

1949 年，新中国即将成立的消息传来。任新民在遥远的太平洋彼岸遥望东方，思考一个重要选择。他毅然决然辞掉美国布法罗大学讲师职位，辗转数月，回到了上海，并在南京华东军区军事科学研究室工作。

1955 年，钱学森回国了。当时，任新民已经到哈尔滨军事工程学院工作。钱学森到哈军工参观时，与任新民有过多次接触。任新民命运转换的又一个机遇来了。

1956 年，钱学森郑重邀请任新民一起参与国防部五院筹建

工作。

"国家需要，我服从。"任新民对钱学森说。他仰望蓝天，一群大雁从云中穿过。

从那以后，任新民的名字就与中国的航天事业紧紧地联系在一起了。

放卫星的人

1970年五一劳动节这天晚上，红旗招展，礼炮轰鸣，毛泽东主席和周恩来总理等党和国家领导人在天安门城楼接见了钱学森、任新民、戚发轫等参加第一颗卫星工程研制的代表。

当时，任新民有些羞怯地躲在人群后面，但还是被周总理发现了："任新民同志，请到前边来，不要老往后边躲，你的座位在我这边。"

周恩来总理向毛泽东主席介绍："他就是给我们放卫星的人。"

毛泽东主席连声赞叹："了不起啊，了不起！"

69岁爬铁塔

任新民一辈子最关心火箭发动机。因为这是航天器的心脏，任何一个环节出现问题，都将是致命的。

1984年，任新民已经是69岁的老人了，却放心不下发射塔试验场的工作。

在发射场地，他认真听取现场工作人员的汇报，突然提出一个要求："我要上铁塔上看一下，做到心中有数。"

什么？！他要爬铁塔？！这铁塔高90米，可不像楼梯那样安全稳定。年轻人爬的时候，都感觉楼梯在摇晃，任老怎么能如此冒险呢？

可是大家都知道任老深入实际的工作作风，他要坚持的事情，别人是拦不住的。

"你们担心我？别怕，我的身体好着呢！"

90米高的铁塔，任老硬是一步一步、一层一层地爬上去了。站在铁塔顶端，他的身影真的像是一只雄鹰。

任新民的这种敬业精神深深地影响着我国的航天后来人。

一生只干了航天这一件事

任新民的一生波澜壮阔，但他总爱说一句话："我一生只干了航天这一件事。"是的，他一生只干了航天这一件事，但干得漂亮，光照千秋。

人们提起任新民，总把他誉为中国航天的"总总师"。为什么要称他为航天的"总总师"呢？

当一些年轻人提出这个问题时，熟悉任新民的老一辈科学家会介绍这位"总总师"的丰功伟绩，中国航天的各个系统和部门都有一些总工程师，而任新民就是这么多总工程师的工程师，所以才被称为"总总师"。

不仅如此，任新民先后担任我国多个大型航天工程的总设计师，和屠守锷、黄纬禄、梁守槃并称为"中国航天四老"。

2017年2月12日，任新民走完了他壮丽辉煌的一生。在中国灿若星辰的科学家队伍中，年过百岁的任新民是一颗德高望重的"寿星"。

陈芳允：卫星测量技术的领路人

陈芳允（1916～2000），无线电电子学家，中国卫星测量、控制技术的奠基人之一，中国科学院院士，中国科学技术大学和国防科技大学教授。长期从事无线电电子学及电子和空间系统工程的科学研究和开发工作。1999 年被授予"两弹一星"功勋奖章。

神奇的无线电波

1916 年 4 月 3 日，陈芳允出生于浙江省黄岩县（今浙江省台州市黄岩区），父亲陈立信毕业于保定军校。

陈芳允从小就受到了良好的家教，善于思考，爱好读书，课程成绩优秀。18 岁考入清华大学，先在机械系，后转入物理系学习。

卢沟桥事变的一声枪响，改变了许多中国学子的命运。偌大的京城已经放不下一张安静的课桌了。抗战形势越来越严峻，北京大学、清华大学和天津的南开大学，分三路西迁昆明，改名为西南联合大学。

西南联合大学的办学条件非常艰苦，教室简陋，寒风刺骨，常常吃不饱饭，但陈芳允的学习热情丝毫不减。

在西南联大，陈芳允对实用无线电课产生了浓厚的兴趣。神奇的无线电波，虽然无影无踪，却像一只只神奇的手，给陈芳允插上了翱翔的翅膀，使他的思绪在浩瀚的天空中自由地飞翔。

"无线电太神奇了，科学太有魅力了，我一定要在这条路上走下去！"

从西南联大毕业后，陈芳允在老师的推荐下，先在清华无线电研究所做无线电通信相关的课题，后到航空委员会所属的成都无线电厂工作，因搞无线电定向仪有成绩，被提为研究股长。

潜心专研无线电

1945 年初，陈芳允得到了去英国一家无线电厂研究室工作的机会。

英国的无线电研究技术在全世界处于领先地位，这让陈芳允大开眼界。他先在实验室做电视接收机的线路工作，后转至曼彻斯特工厂雷达研究室，参与海用雷达的研制工作。很快，从无线电理论到实践运用，陈芳允都达到了相当高的水平。

1948 年，陈芳允学成归国，供职于中央研究院生理生化所。1950 年，中央研究院和北平研究院合并，改名为中国科学院，并在上海成立分院。

分院里的第一项科技研究成果，是陈芳允献给年轻的共和国的礼物。这套电子仪器，包括电刺激器、直流放大器及显示设备等，从硬件到软件，都是陈芳允亲自动手完成的。没有人知道陈芳允默默地流了多少汗，吃了多少苦，才实现了从无到有、从零到一。有学者称，这是国内在生物电子学方面研制的第一套电子仪器设备。

1953 年，陈芳允奉调到北京，主持中国科学院电子学研究所筹备处工作。后来，国家制订了 12 年长期科学规划，在实施细则里，有关电子所方面的内容，是由陈芳允主要参与制订的。这是一项从来没有人做过的工作，陈芳允筹备了国家层面的"新电子所"，并主持工作。他又着了迷似的投入了新的战斗。

我们也要搞人造卫星

1957 年，科技领域的一件大事，轰动了全世界。

这一年的 10 月 4 日，苏联成功发射第一颗人造卫星，标志着苏联在太空探险的新旅程。这颗人造卫星能不断地发出无线电信号，对空间环境、天体和地球本身进行观测和研究，为人类了解地球、宇宙提供了极大的便利条件，标志着人类太空时代的到来。

1958 年 5 月，在中共八大第二次会议上，毛泽东主席向全党全国发出号召：我们也要搞人造卫星。

搞人造卫星是一项非常艰巨的使命。陈芳允和他的伙伴们感觉自己肩上有了一份沉甸甸的担子。

"卫星呀，卫星，我们中国人的卫星，什么时候也能上太空呢？"陈芳允连睡觉做梦都在思考这个问题。

搞人造卫星是一个相当复杂的系统工程，需要团队通力合作。陈芳允负责的是卫星测量技术。对当时的中国科学界来说，卫星测量也是一张白纸。不过，他们很快就对卫星进行了无线电多普勒频率测量，计算出卫星的轨道参数，为中国的卫星上天提供了坚实的基础。

负责卫星测量总体技术

在这项伟大的工程中，陈芳允带领技术人员深入研究，大胆实践，反复论证。他不仅主持了技术方案的设计，还参加了设备研制和测量台站的建设工作。他与其他技术人员经过实地考察，分别在新化、南宁、昆明、海南设立了四个多普勒测量站。

1970年4月24日，这是让中国人扬眉吐气的一天——中国第一颗人造地球卫星成功飞上了天。举国上下一片欢腾，陈芳允激动得热泪盈眶。

中国第一颗人造地球卫星命名为"东方红一号"，它伴随着优美的乐曲，遨游在浩瀚的天宇。地面观测系统持续跟踪、测量与计算，并及时预报卫星飞经世界各地的时刻。由陈芳允主持完成的卫星测量方案非常有效，不仅圆满完成中国第一颗卫星测量任务，而且为中国卫星测控网的建立奠定了基础。

20世纪80年代，陈芳允与王大珩、杨嘉墀、王淦昌一起提出了对中国高技术发展有重要意义的《关于跟踪研究外国战略性高技术发展的建议》。1986年3月，在邓小平同志的亲自批示和积极支持下，国务院在听取专家意见的基础上，经过认真研讨、论证，制定了《国家高技术研究发展计划纲要》，这就是著名的推进中国现代化进程的"863"计划。而今，中国北斗，闪耀苍穹。这离不开陈芳允的坚持和贡献。

高风亮节照后人

陈芳允这样的国家功臣，却被人戏称有两个"特点"：一是自

己给自己理发，二是自己给自己缝补衣服。陈芳允从来不去理发店，说去理发店太费时间，有时一等就是半个小时，结果还未必满意。陈芳允不知从什么时候开始，练就了给自己理发的绝活儿。

在他病逝后，记者到他的家里，竟然看不到一件像样的家具，连褪了色的窗帘也舍不得换掉。

而陈芳允为我们国家做的贡献却是无法用金钱衡量的，他给中国科技界留下的宝贵精神财富，将永远鼓舞我们努力拼搏，为实现中华民族伟大复兴的梦想而奋斗。

屠守锷：铸就大国利剑

屠守锷（1917～2012），导弹专家，火箭总体设计专家，中国科学院学部委员（院士），国际宇航科学院院士，"两弹一星"功勋奖章获得者。与任新民、黄纬禄、梁守槃一起被尊称为"中国航天四老"。

要造自己的飞机

1917年12月5日，屠守锷出生在浙江湖州南浔。

20世纪30年代，屠守锷和父亲走在上海的街头，看到几十架轰炸机投下一颗颗炸弹。

火光四起，狼烟遍地，死伤者不计其数。原本繁华喧闹的大上海，瞬间满目疮痍。

慌忙逃跑的屠守锷气喘吁吁地问父亲："敌人太坏了，我们为什么不打他们呢？我们国家的飞机呢？"

父亲无奈地看着他，痛心地说："我们国家落后，没有飞机，自己造不了呀！"

死里逃生的屠守锷逃到安全地带后，一直闷着头不说话，也不吃饭。家里人问他："你怎么啦？在想什么呢？"

屠守锷缓缓地抬起头，声音不大，却掷地有声："我，一定要亲手造出我们自己的飞机，赶走侵略者，为死难的同胞报仇！"

抱着航空救国的决心，屠守锷发奋读书，考上了清华大学。从清华大学航空系毕业后，屠守锷又以优异成绩考取了公费留学资格，进入美国麻省理工学院航空工程系攻读硕士学位。

秘密入党

来到美国，屠守锷无暇欣赏美丽的异国风情，而是全神贯注于自己的学业。两年后，他就取得了硕士学位。随后，他应聘为美国一家飞机制造厂的工程师，负责飞机强度分析。

屠守锷明白，必须学到最顶尖的技术，才可以回报祖国。在美国的飞机厂当工程师时，他留心观察每一道工序、每一个细节，充分利用宝贵的实践机会。

"要想造出中国自己的飞机，光有理论知识是不够的，还必须有实际的经验，而从事这份工作，正是自己长本事的良机。"很多年以后，屠守锷写下这样一段话。

1945年，抗战胜利了，历经浩劫的中国百废待兴，身处异国他乡的屠守锷归心似箭。他辞去工作，从布法罗横穿北美大陆，历时40余天，到达旧金山。由于没有去中国的客轮，他便搭乘开往青岛的运兵船，回到了祖国。

然而，当时的中国现实，并不像屠守锷想的那样充满希望。国民党政府忙于内战，根本无意兴办民族航空工业，失望至极的屠守锷只好把希望寄托在培养下一代航空人才上。

在西南联大，他开设了航空专业课程。1947年，屠守锷又到清华大学航空系任教，开始与进步人士接触。亲身的经历和眼前的现实使他认识到：只有中国共产党，才能领导中国走向光明；只有在中国共产党的领导下，自己科学救国的志向才能实现。1948年，他毅然秘密加入了中国共产党。

从"造飞机"变为"造导弹"

1957 年 2 月，在北京航空学院任院长助理的屠守锷，接到了聂荣臻元帅的邀请，被调到国防部第五研究院。

"你先不要搞飞机了，有重要的任务，去研究导弹，导弹才是我们的大国利剑！"领导对他说。

屠守锷只说了一句话："我服从组织的安排。"

位于北京西郊的国防部第五研究院，是新中国成立的第一个导弹研究机构，它的成立标志着中国航天事业的创建。钱学森任院长，梁思礼负责导弹控制系统研究。

屠守锷信心百倍地走上了新岗位，成为钱学森院长领导下的十大研究室主任之一，负责导弹的结构强度和环境条件的研究。没有资料，没有图纸，他和众多专家一起，既当研究人员，又当学生，在极为有限的条件下，搜集资料，摸索实践。

1957 年 9 月，屠守锷作为中国政府代表团的顾问，参加了与苏联的谈判，促成了我国第一次也是唯一一次导弹技术的引进。那时，中苏合作很愉快，屠守锷与战友们开始了中国第一枚导弹的仿制工作。在从仿制到独立研制的艰难历程中，他恪尽职守，细心谨慎，很快就成了导弹设计研制的行家里手。

天有不测风云。1960 年，苏联政府单方面撕毁合作协议，撤走了所有专家，中国的导弹建设陷入困境。

就是在这样的危难之际，屠守锷上任国防部第五研究院一分院副院长，全面主持技术工作。面对诸多阻力和挫折，他只平静地说了一句："人家能做到的，不信我们做不到。"

失败是成功之母

屠守锷是一个对事业执着的科学家，在他主持导弹研究的日子里，敢于开拓，和同事们制订了"地地导弹发展规划"即"八年四弹"规划。他绘制的这些蓝图，不仅有高屋建瓴的前瞻性，还符合中国国情，具有可操作性。

"地地导弹发展规划"经批准实施后，对我国导弹与火箭技术的发展起到了非常重要的作用。

然而，成功的道路充满坎坷和曲折。

1962年3月，我国自行设计的第一枚中近程导弹在首飞试验中坠毁。

第一次试验就失败了，这对所有参与科研的人员的打击，是可想而知的。

"同志们，失败是成功之母嘛，我们不怕失败，找出原因，咱们再接着干！"屠守锷不怕挫折，指导设计人员开展全面系统的检查。

两年含辛茹苦的研究终于换来了丰硕成果：经过重新修改设计，从1964年6月开始，这种中近程导弹连续几次飞行试验都取得了成功。

在一系列的摸索、总结、攻关的过程中，我国第一代导弹技术专家成长起来，组成了一个坚强有力的战斗集体。他们掌握了导弹研制的重要技术和基本规律，为以后各种型号导弹的研制成功奠定了基础，并直接为我国1966年10月进行的导弹与核弹头结合的"两弹结合"试验的圆满成功做出了贡献。

而我国的导弹研发之所以能在这么短的时间里取得如此耀眼的

成就，离不开一个功臣——屠守锷。

剑有风骨也有魂

屠守锷在自己的人生之旅中，曾受过许多次不公正的待遇。然而，剑有风骨也有魂，无论怎样的狂风暴雨，都改变不了他对事业的追求和忠贞。

有一次开会，会场十分严肃，还不时有人喊着口号，慷慨陈词，对着屠守锷指三道四。而屠守锷呢，凝神屏气，一会儿闭着双眼，一会儿又低头思忖。任他们说得天花乱坠，他一声不吭，不解释，不反驳。

他在想什么？后来，他曾笑着对人们说，你们信不信，在台上被批评时，我可以旁若无人地在脑袋里演算自己喜欢的数学方程式。

关键时刻，又是周恩来同志支持了屠守锷："不要干扰他的工作，他是我们导弹的专家呀！"

1980年5月18日，屠守锷迎来了自己航天生涯中最重要的日子。作为中国第一枚远程导弹的总设计师，他在"可以发射"的鉴定书上签下了自己的名字。签字时，他显得非常平静，然而当导弹准确命中万里之外目标的消息传来时，他再也抑制不住内心的激动，双手捂着眼睛，像孩子一样哭了，又像孩子一样笑了……

退居二线后，屠守锷担任中国航天科技集团公司和中国航天科工集团公司高级技术顾问，直到90多岁高龄，依然为航天事业奉献着自己的余热。

2012年12月15日，屠守锷在北京去世，享年95岁。他用一生诠释了自己名字的含义："锷"乃刀锋，"守锷"意为铸剑和掌剑。

钱骥：卫星圆我飞天梦

钱骥（1917～1983），空间技术和空间物理专家，中国空间技术的开拓者，中国地球物理学科的主要创业者。1999 年被授予"两弹一星"功勋奖章。

读书改变命运

1917 年底，钱骥出生于江苏省金坛县。

金坛县的县立书院小学是一所名校，在这里读书的多是有钱人家的孩子。钱骥到了上学年龄，父亲问他："你想去什么学校读书呀？"

钱骥张嘴就说："我要去书院小学。"

"去那儿上学需要考试，不是谁都能考上的。"

"考就考，我不怕。"钱骥说得很坚决。

父亲思忖了一会儿，他担心的并不是钱骥能否考上，而是家里经济条件不好，好学校收费高。

经过一番思想斗争，父亲还是把钱骥送进了书院小学。钱骥果然是个学优生，每次考试，他都名列前茅。

转眼间，小学毕业，他要上中学了。父亲又问："想上哪所中学？"

钱骥答："江苏省立南京中学。"

这是一所全省闻名的学校。钱骥又考上了。

听说钱骥考上了南京中学，远亲近邻纷纷前来贺喜，可是钱骥父亲的脸上布满了阴云。

钱骥懂事地问："爸爸，是不是因为学费？"

父亲踌躇了半天，终于对儿子说："别看咱们家姓钱，可实在是缺钱呀！南京中学一学期要先预交40元，咱家一时无法拿出这笔钱。你还有弟弟妹妹……"

钱骥劝爸爸："咱们家是穷，可是不读书，怎么能改变命运呀？"

父亲左思右想：只要孩子喜欢读书，我就是砸锅卖铁，也要供他上学。他是家里的长子，给弟弟妹妹做榜样呢。几天后，他把一叠钱塞到了钱骥手里："去吧，好好念！"

后来，钱骥才知道，父亲借钱未果，最后横下心来，卖了家里的几亩地，这才有了供他上学的钱。

临行时，钱骥对家里人说："你们放心吧，学不好本领，我不回来！"

从事气象学的研究

钱骥在学校刻苦学习，各科成绩都很优秀。

中学毕业后，钱骥又以高分考取了国立中央大学师范学院理化系。毕业后，他留校做助教，又兼任中央研究院气象研究所助理研究员。这样，他可以多一些经济收入，用来回报家庭，让弟弟妹妹也能得到读书的机会。

钱骥很喜欢自己从事的气象学研究工作。在研究所，他遇到了自己尊敬和崇拜的老师赵九章。他的工作任务，主要是协助赵九章开创地球物理研究所，管理研究所的业务，负责实验室及探测仪器。

赵九章是一位德高望重的科学家，在气象学、地球物理学、空间物理等领域做出了突出贡献，并为科学事业培养了大批人才。

钱骥跟着赵九章，不仅在气象研究方面多有收获，也为空间技术和空间物理的探讨，打下了深厚的基础。赵九章帮助钱骥不断地打开知识的视野，使他的学习不再停留在书本课堂上。在赵九章的指导下，钱骥的科研水平迅速增长，实践经验也逐渐丰富，他可以熟练地检验和修理多种不同型号的气象探测仪、真空管检验计和电子频率计。

1948 年，国民党大势已去，很多人劝钱骥去台湾，钱骥丝毫不为所动："我哪儿也不去，我的根就在大陆！"

他冒着生命危险，保护研究所先进的仪器设备和资料，留在了大陆。

1949 年 10 月 1 日，中华人民共和国成立。钱骥看到了东方升起的一缕曙光，他要为国家的建设奉献自己的全部力量。

没有外援，咱自己干

1957 年，苏联发射了第一颗人造卫星后，在世界各国引起了强烈的轰动。

随后，毛泽东主席在党的会议上提出，我们也要搞人造卫星。于是中央高层召开专门会议，从全国各地调集精英，组成科研团队，开始向人造卫星的高峰攀登。

钱骥有幸成为这个团队中的重要一分子。

空间技术和空间物理，是人造卫星正常在天上运转的重要元素，是不可或缺的内容。钱骥受命加入这个团队，重任在肩，时间紧迫。他参加了组建空间物理研究机构，探讨人造卫星的基础研究课题，开展中国人造卫星方案探索研究，领导卫星总体、结构、天线、环境模拟理论研究。

那时候，苏联已经有卫星上天了，他们的经验值得我们认真借鉴。1958 年 10 月，钱骥参加了中国科学院组织的"高空大气物理代表团"到苏联实地考察。此行让他大开眼界，收获颇多。

然而，没过多长时间，中苏关系破裂，苏联撤走专家，拿空了材料。

"封锁怕什么？咱们有党的领导，团结一心接着干，我相信也能把卫星送上天！"钱骥率领研究团队，继续在空间技术和空间物理领域奋力探索。他参加了 200 多次项目试验，填补了中国在人造卫星、火箭探空等领域的空白，奠定了卫星上空的基石。

"东方红一号"辉映星空

在中国第一颗人造卫星"东方红一号"这个宏伟的项目中，赵九章任总负责人，钱骥任技术负责人。师徒两人通力合作，夜以继日地工作。

后来，赵九章因故逝世，所有的重担都落在了钱骥一个人肩上。

钱骥的工作更繁忙了，不仅忙业务工作，还要忙组织调动、人力安排，同时还要为回收型卫星的研制等新业务做大量技术工作。

1970 年 4 月 24 日，这是一个让中国人民扬眉吐气的喜庆日子。由中国科学家自主研制的人造卫星"东方红一号"顺利升空了，这是中国发射的第一颗人造地球卫星。

这颗卫星的成功发射，饱含了以钱学森为首任院长的中国空间技术研究院的心血和智慧，也融入了钱骥和伙伴们无数个不眠之夜的辛苦付出。

工作到生命最后一刻

卫星升空了，钱骥的工作仍然在继续。

1974 年，钱骥主持修订了"东方红二号"通信卫星方案和"实践二号"科学卫星方案。随着国家重视广播通信卫星事业的发展，钱骥的工作重点向预研工作资料积累、情报分析研究、成果鉴定、资料归档等方面倾斜。

除了天空，钱骥还关心着脚下的大地。

在开展地震研究工作方面，他是最早对地磁、地震波进行研究的科学家之一。他提出地震台站布局应综合多因素进行系统研究，按层次设置分级管理的设想，并协助组织出版了中国地震相关资料年表，推动中国地震观测向现代科学进军。

1983 年 8 月，钱骥因病逝世，享年 66 岁。直至生命的最后一刻，他都坚守在工作岗位。

程开甲：大业光寰宇

程开甲（1918～2018），中国科学院院士，著名理论物理学家。"两弹一星"功勋奖章获得者，2013年国家最高科学技术奖获得者。我国核武器事业的开拓者之一，中国核试验科学技术体系的创建者之一。

小学时是淘气包

1918年，程开甲出生在苏州市吴江盛泽。小时候的他特别淘气，每次考试，他的名次总是排在最后边。

老师找到他，严肃地说："如果考试再不及格，你就得留级了。"

程开甲并不在乎，仍然"玩"字当头。学校真的让他留级了，留了一次他也没有改，只好二次留级、三次留级。小学阶段连蹲三年，程开甲真的是创了学校的"纪录"。当年，同学们戏称他是"年年老板"。什么意思？就是年年坐在那个老板凳上。

经过儿时的叛逆，程开甲从初中二年级开始发力了，如同万米赛跑的运动员，起步时一直落在后面，跑着跑着，就开始加速，把旁人一圈圈地丢在身后。

程开甲在学习上崭露头角，在数学老师的训练下，他竟然能将圆周率背诵到小数点后60多位，也能将1到100的平方表倒背如流。他还有过目不忘的记忆力，比如，他曾看了一本巴斯德的书，看完后，几乎一字不差地和同学们复述全书，讲得津津有味。不光讲，他还加上了自己的感慨："科学家追求真理，真让我太敬佩了！我也要努力学习，长大后当一名科学家。"

马兰花开二十一

在颠沛流离的战争年代，程开甲完成大学学业后赴英国爱丁堡大学物理系学习，师从欧洲最有声望的物理学家玻恩教授，并获得博士学位。远离战乱，虽然国外生活安静闲适，但程开甲心中一直有个心愿，就是回到自己的祖国。

1950年，程开甲购买了所需的书，整理好行装，回到祖国的怀抱。随后，他被安排到浙江大学物理系任教，工作如鱼得水。

1960年，程开甲接到命令，任第二机械工业部第九研究所副所长，他的工作任务在当时是高级别的秘密：参与研制原子弹。

告别了大城市，程开甲和妻子来到祖国大西北的荒漠中一个叫马兰的核试验基地。

当年有一首流传很广的童谣：

小皮球，架脚踢（香蕉梨），

马兰花开（开花）二十一。

二五六二五七，

二八二九三十一。

据说，这首童谣唱的地方就在这里。

这个试验基地是军事禁区。这里有一座座干打垒的土坯平房，房子旁边是一条细细的小溪，小溪附近是天山山脉中一串不知名的山峰，再往远处就是一望无际的戈壁滩。其中一座平房里，住着程开甲和他的夫人。

他们把家安在这里，尽管生活极其艰苦，可是为了核试验，他们以苦为乐，从来没有任何抱怨。

在"死亡之海"搞试验

在成为中国核试验场地之前，罗布泊几乎没有生命的踪迹。然而，这个飞禽绝迹的地方，却是进行核试验的最佳场所。

1964 年春天，上级要求进行原子弹试爆。虽然已经有了两年多的研究，而且在罗布泊核试验基地的爆心，高高的铁塔已经竖了起来，可是很多具体的课题仍然困扰着一线科研人员。比如，第一颗原子弹采取何种方式爆炸？

经过详密的分析计算，程开甲否定了传统的"空爆方案"。他认为，第一次试验就用飞机投掷，会增加测试同步和瞄准上的困难，难以测量原子弹的各种效应，采用"百米高塔爆炸方式"，更能适应现场环境。而用有线测控，第一是把握大、可靠性强；第二是保密。

后来，原子弹的成功爆炸，很好地验证了程开甲的建议的合理性。

一碗红烧肉

程开甲在西北荒漠吃了太多苦头，但一想到祖国的重托和期望，他就浑身充满了力量。

一天，程开甲接到命令，要回北京向领导汇报原子弹的研制工作。

但是程开甲没有想到，百忙之中的周恩来总理竟然在人民大会堂听取了他们的汇报，又十分关切地询问起程开甲的生活："能不能吃饱肚子？蔬菜能送到基地上吗？"

程开甲如实回答了总理的问题，说："我们知道国家有困难，吃得差一些，没有蔬菜，这点难处不算什么，我们都能克服的。"

周总理听了程开甲的话，思索了一会儿，郑重地说："你们都是国家的功臣，为了造原子弹付出了太多。今天，我要破个例，请你们在人民大会堂吃顿饭。要给你们加上一道菜，每人一碗红烧肉！"那碗红烧肉，给了科研人员无穷的精神力量。

后来，程开甲吃过很多美味，但他怎么也不会忘记，当年周总理请他在人民大会堂吃的那碗红烧肉。

总理交给我的任务完成了

1964年10月16日，中国第一颗原子弹爆炸成功，举国欢腾，震惊世界。

程开甲曾回忆说："我们科学技术负责人员在第一线，就是距离核爆炸17公里的一个工壕。控制工壕里面，大概有700多人，起爆以后，我们在工壕看到第一个信号，仪器的指针'咣'，'起爆'！那一刻，我的心里就有数了，我们终于成功了！"

大业光寰宇，丹心映神州。

程开甲和战友们为了"两弹一星"的研制，隐姓埋名40年，把人生最宝贵的青春，全都贡献给了祖国的国防事业。斗转星移，季节轮回，程开甲一直在"核武器"这片神秘领域默默坚守着。

1999年9月18日，隆重的表彰大会在人民大会堂召开。程开甲等23位科学家荣获"两弹一星"功勋奖章，他们终于从幕后走到台前。当象征荣誉和成就的"两弹一星"功勋奖章挂在程开甲胸前

时，他眼角泛泪，带着浓重吴韵口音说的话让人动容，更让人敬佩："总理交给我的科研任务完成了！"

2017年7月28日，程开甲被授予"八一勋章"；2019年获得"感动中国"2018年度人物荣誉。

中央电视台这样为他撰写颁奖词：空投、平洞、竖井。朔风、野地、黄沙。戈壁寒暑成大器，于无声处起惊雷。一片赤诚、一生奉献，一切都和祖国紧紧相连。黄沙百战穿金甲，甲光向日金鳞开！

吴自良：为中国第一颗原子弹
装上"心脏"

吴自良（1917～2008），物理冶金学家，中国科学院院士，"两弹一星"功勋奖章获得者。领导并完成了铀同位素分离用"甲种分离膜"的研制等重要任务，在中国研发原子弹的过程中立下了卓越功勋。

姐姐资助他读书

吴自良的家乡在今天浙江省金华市浦江县前吴村。他的童年是不幸的，幼年丧父，全靠母亲含辛茹苦抚养他。

虽然家里并不宽裕，但知书明礼的母亲还是让吴自良从小就受到了良好的教育。大姐也很关爱他，看到他酷爱学习，很是喜欢，一直在经济上支持他。

从小学到中学，吴自良的学习成绩一直名列前茅。1932年，他顺利考入浙江省立杭州高级中学。这在当地是一所名校，能进入这所高中的学生，一般来说，都会比较轻松地拿到大学的录取通知书。

果然，1935年，18岁的吴自良考入国立北洋工学院（天津大学前身），先读矿冶，后转学航空机械。大学毕业后，经学校推荐，吴自良去了一家飞机制造厂工作。可是，该厂被日军无情地轰炸了。

吴自良十分痛心。他知道，中国要想变强大，就要掌握先进的科学技术。

这天，吴自良找到大姐，说出自己的打算："大姐，我想出国留学。"

"如果不是公费派你，那需要很多的钱呀。"大姐说。

"我知道，可我们国家现在太落后了，需要先进的科学技术来武装。想请你帮帮我。"吴自良坚定地说。

看着弟弟如此爱国，大姐感动了，虽然她的家境也不十分宽裕，但她还是资助弟弟到国外留学了。

肩负重任

吴自良靠大姐资助，赴美留学，在美国匹兹堡卡内基理工学院攻读物理冶金。他刻苦努力，废寝忘食，悉心钻研。1948 年，他完成了一篇题为《片状铝单晶中滑移机制和内耗的关系》的学位论文，让他的导师眼睛一亮，连连称赞："这篇论文有新意，又有深度，这个中国学生，真是难得的人才呀！"

吴自良顺利获得了博士学位，毕业后留在卡内基理工学院金属研究所做博士后研究。

新中国成立后，吴自良的心被祖国蒸蒸日上的建设事业吸引，回到了祖国。后来，在党中央的领导下，中国科学家组成了庞大的技术团队，开始独立自主研发"两弹一星"，吴自良被选入了这个团队。

他的工作是什么呢？就是给原子弹这个神秘的怪物装上"心脏"。

当然，"心脏"只是一个比喻，因为动物才有心脏。那么原子弹的"心脏"是什么呢？

原子弹的"心脏"，是一种叫作"甲种分离膜"的核心元件。它的作用在于将铀-235和铀-238这对"双胞胎"同位素分开，提炼出高浓度的、可用于发生核裂变反应的铀-235。这是一个专业性特强的名词。当时，全世界掌握这项技术的只有两个国家：美国和苏联。

苏联专家撤离中国时，也带走了绝密级别的分离元件技术资料。面对国际封锁，毛泽东主席表示中国一定要搞出原子弹，而这项"甲种分离膜"的攻关任务，是由周恩来总理亲自抓的国家绝密项目。

给原子弹安"心脏"，是一项庞大的系统工程。国家最初将这个任务分配给了四家单位：上海冶金研究所、沈阳金属所、复旦大学和北京原子能所。"四套马车"本应齐心协力共攻关，可是运转一段时间后，力量分散，工作重复，妨碍了研制进度。

经过进一步研究论证，上级重新布局：这项工作，由时任上海冶金研究所副所长担纲技术总负责，具体任务就落在了吴自良的肩上。他坚定地对领导说："请放心，国家的需要就是我的研究方向。"

汗水收获硕果

给导弹装上"心脏"，说起来容易，做起来难似登天。吴自良把工作团队分成三个小组，分工合作，联合攻关。

为了推进研究工作的顺利开展，吴自良每天工作超过10个小时，逢年过节也不休息。同事们回忆说，至少3年吴自良基本没有离开过实验室，全程跟进各组的工作进展。

那时候的项目团队成员大都是 30 岁左右的年轻人，他们有朝气，有活力，不怕吃苦。而这个团队之所以有这样的战斗力，就是因为他们有一个核心人物，大家紧紧地团结在他周围。吴自良就是这个核心人物。

研究团队成员之一，后来成为中科院院士的邹世昌，在回忆当年的工作情形时说："这项工作没有什么资料可供参考，全靠大家一起摸索。作为我们的领导，吴自良先生向来没什么架子，碰到什么技术难关，就和大家一起坐下来讨论。这项工作的技术要求非常高，保密要求非常严格。整个实验大楼第四层的一半都被封闭起来，大家白天晚上加班加点地工作。即便是身边的至亲家人，也只知道我们是为国家的重点保密项目工作，不知道具体在做什么。"

寒来暑往，春去秋来。经过无数个日夜的奋力拼搏，吴自良率领的这个团队流下的汗水，终于收获了丰硕的果实。他们把研制出来的样品先后交到北京原子能所和工厂进行试验验证，得到的结论是：完全合格，可投入运行。

升起了第一朵"蘑菇云"

1964 年 10 月 16 日，一朵"蘑菇云"在西北大漠升起，一个震惊世界的消息引起了全球的关注：中国第一颗原子弹在新疆罗布泊爆炸成功。

那天，吴自良泪流满面，他和战友们相拥而泣，笑着，欢呼着。这颗原子弹的成功，融入了他们多少心血！尽管当时的新闻还不能公开报道他们的事迹，但他们已经特别欣慰了，祖国不会忘记他们，

人民不会忘记他们。

是的，很多年之后，我们的媒体才把尘封了三十多年的秘密公之于众——

吴自良，著名材料学家，中国科学院院士。他曾带领团队成功研制中国第一颗原子弹的核心原件——分离铀同位素用的"甲种分离膜"，为中国成功爆炸原子弹和国防现代化建设做出了重要贡献，被授予"两弹一星"功勋奖章。

而国家级的报纸也辟出重要版面，讲述了吴自良的研究与原子弹的密切关系。

老骥伏枥

时光荏苒，岁月流转。随着我国改革开放的深入推进，由吴自良主持研究的"原子弹'心脏'"技术，即"甲种分离膜制造技术"终于可以公开了。

1984年，国家发明奖颁奖大会在北京隆重召开。"甲种分离膜制造技术"，荣获1984年国家发明奖一等奖和1985年国家科技进步奖特等奖，这个特等奖奖项是奖给原子弹的突破和武器化这个专项的。吴自良这位为国争光的科学家获得了国家颁发的最高荣誉。

在荣誉面前，吴自良表现出一位科学家淡泊名利的心态，他把这个奖状复制之后发给了每一位参研人员，重达一斤的金质奖章就交给了上海冶金研究所。

吴自良是属蛇的，他曾说："我更愿意自己属马，老骥伏枥，志在千里。"吴自良就是一匹一生都在奋力前行的奔马。

杨振宁：他摘取了诺贝尔物理学奖

杨振宁，物理学家。1957 年获诺贝尔物理学奖。在粒子物理学、统计力学和凝聚态物理等领域做出里程碑性重大贡献。"感动中国"2021 年度人物。

12 岁的"少年狂"

杨振宁老家在安徽省，第一次来北京时，他才 7 岁。

该上学了，家人把他领进了美丽的清华园，对他说："这是中国最好的一所大学，以后你要到这所大学里读书，现在你只能先读小学。"

当时的清华附小叫成志小学。后来人们回忆说，清华附小里面有两个"大头"，一个是杨振宁杨大头，一个是俞平伯的儿子。俞平伯是著名红学家，是很有影响的大人物。

杨振宁可不是一个守规矩的孩子，很淘气。据说，清华的每一棵树他都爬过。所以杨振宁也有一个好身体，100 岁了还可以到外面去讲课。

杨振宁读的中学，就是现在的北京市第 31 中。学校当时并不大，不到 300 个学生。杨振宁读中学的时候，父亲杨武之发现他在数学方面能力很强，但是并没有急于开发他的数学天分，而是请一位教授教他学《孟子》。所以，杨振宁的古文底子打得非常扎实。

杨振宁喜欢东翻西看。有一次，他看了艾迪顿写的《神秘的宇宙》，讲的是一些新的物理学现象与理论。他顿时被激发出了极大的兴趣，连吃饭都舍不得放下书。

"你看什么书呢？这么着迷？"母亲问他。

他举起手里的《神秘的宇宙》给父母看，开玩笑地说："我不打算学《孟子》了，我要研究物理学。将来有一天，我也要获得诺贝尔奖。"

"你呀，真是一个小孩子，太狂了。"父母都笑了。

那一年，杨振宁12岁。12岁的杨振宁就是真正的"少年狂"了，他说将来要得诺贝尔奖，大家听了也只是一笑了之。

赴美留学

1945年，是杨振宁人生的一个重要转折点。

这一年杨振宁23岁，正是一个多梦的季节。这一年，抗战胜利了。也就是在这一年，杨振宁告别亲人，踏上去美国求学的漫长之旅，就读于著名的芝加哥大学。

临行前，父亲只身陪他自昆明西北角乘黄包车，到东南郊拓东路等候去巫家坝飞机场的公共汽车。离家的时候，四个弟妹都依依不舍，他的母亲却很镇定，没有流泪。

摘取诺贝尔物理学奖

出国留学的杨振宁刻苦攻读，废寝忘食，在1948年获得芝加哥大学哲学博士学位，导师是爱德华·泰勒教授。他鼓励杨振宁："你很有潜力，要继续钻研，会取得更大的成绩的。"

1949 年，杨振宁进入普林斯顿高等研究院进行博士后研究工作，开始同另一位著名的科学家李政道合作。当时的院长奥本海默说，他最喜欢看到的景象，就是杨振宁、李政道走在普林斯顿草地上。

1956 年，杨振宁和李政道共同发表了一篇文章。这篇论文的发表，如同向平静的湖面里投了一颗大石头，在美国的科学界引起了强烈的反响。论文的主题推翻了物理学的中心信息之一——宇称守恒基本粒子和它们的镜像的表现是完全相同的。就是因为这个理论，他和李政道改写了物理学的历史。

1957 年，杨振宁与李政道因共同提出"宇称不守恒"理论而获得了诺贝尔物理学奖，他们两个是最早获得诺贝尔奖的华人。这一年，杨振宁 35 岁，而李政道年仅 31 岁。

发挥余热

1971 年夏天，离开祖国很多年的杨振宁有了一次回国访问的机会，他的回国受到了党和政府的高度重视。

在北京人民大会堂，周恩来总理亲自接见了这位客人，陪同接见的，还有学者郭沫若、著名科学家周培源等人。

杨振宁的一颗爱国之心又被重新点燃了。他要为发展中国的科学事业，促进中美关系，贡献自己的力量。

杨振宁报效祖国的愿望终于在他的晚年实现了。1996 年，他获清华大学、上海交通大学两所大学颁授荣誉博士学位。1997 年，他出任清华大学高等研究中心荣誉主任；同年，他被授予香港中文大学荣誉理学博士学位。

而祖国也将崇高的荣誉给了这位海外归来的科学家。1997年5月，国际小行星中心根据中科院紫金山天文台提名申报，将该台于1975年11月26日发现、国际编号为3421号的小行星正式命名为"杨振宁星"。

那一天，杨振宁仰望星空，激动的泪水模糊了双眼。

1999年5月，77岁的杨振宁正式退休了。退休了，他也不闲着，尽可能地为祖国的建设发挥余热。

回北京定居

2003年底，一条新闻吸引了众人的眼球：杨振宁回北京定居了。

一个在海外漂泊多年的赤子，终于又回到了祖国的怀抱。"少小离家老大回，乡音无改鬓毛衰。"杨振宁将国籍改回中国。清华大学为他提供了良好的生活条件和待遇。

大学的本科教育是高校之本。为本科生讲课，是许多大学里的知名教授都不愿意做的，可是，在2004年秋季学期，杨振宁主动为清华物理系和数学系8个班200余名大一新生讲了一学期的"大学物理"课。整整一个学期，他以独特的见解、深入的理解，每周两次、每次两个45分钟讲授基础课，常常在课间5分钟休息时间还在讲课。

杨振宁给大一新生授课为所有大学教师树立了高标准，做出了榜样，也极大地鼓舞了活跃在教学第一线的广大教师，推动研究做得好的老师走上讲台。

除了在清华给学生讲课，杨振宁领导的高等研究院也以优良的

学风吸引、影响、培养了很多年轻一代的科学家。

2021年9月22日下午，由清华大学、中国物理学会、香港中文大学联合主办的杨振宁先生学术思想研讨会在清华大学举行。

虽然杨振宁已经步履蹒跚，但还是进行了慷慨演讲，他演讲的题目是"但愿人长久，千里共同途"。他热情的讲话，鼓舞并感动了在场的所有人。

黄旭华：我国第一代核潜艇总设计师

黄旭华，中国船舶重工集团公司第七一九研究所副总工程师、名誉所长，中国第一代核潜艇和战略导弹核潜艇总设计师。被誉为"中国核潜艇之父"。中国工程院院士。2019 年 9 月 17 日，被授予"共和国勋章"。2020 年 1 月 10 日，获国家最高科学技术奖。

寻求救国之路

黄旭华出生在中医世家。父母看他聪明好学，想让他悬壶济世，成为一名医生。可是黄旭华是一个十分有主见的人，他对父母说："我长大做什么，怎么也要等我上了中学再考虑吧！"

黄旭华的本名叫黄绍强。

黄绍强 15 岁那年离开家乡，到广西桂林去读中学。那时，日寇的铁蹄践踏着祖国的大好河山，黄绍强看在眼里，心底燃烧着怒火。

"咱们中国太落后了，所以才被各国列强欺负。我要学习先进的科学技术，寻求救国之路。"黄绍强果断放弃了学医的想法，做通了家人的工作，重新选择了人生之路。

就是在中学这个阶段，他把自己的名字改了，叫"旭华"，寓意中华民族如旭日东升一般崛起，而自己将倾尽一生之力，为中华民族的强大做贡献。

1945 年，黄旭华以优异的成绩考入国立交通大学造船系。学习之余，他还加入了学校的进步学生社团"山茶践社"，并逐步成长为中共地下组织培养的进步青年。

1949 年，刚刚大学毕业的黄旭华加入了中国共产党。

为了国家隐姓埋名

黄旭华的"深潜"其实是从 1958 年开始的。

一天，正在北京海军某部工作的黄旭华突然接到一纸命令，调他任核潜艇研究室副总工程师。从此，黄旭华加入了中国核潜艇研究的队伍。

进入核潜艇研究室后，黄旭华对家人而言，也像一艘滑入深海的潜艇。家人既不知道他在哪里，也不知道他在做什么。只有一个神秘的邮箱，断断续续地传来一点儿言辞模糊的信息。

由于这项工作有严格的保密制度，黄旭华不能向任何亲友透露自己的工作，从 1958 年到 1986 年，差不多 30 年的时间，他没有回过一次老家探望双亲。甚至父亲去世，他也没能赶回去见上最后一面。1988 年，南海深潜试验，黄旭华顺道探视老母。95 岁的母亲与儿子对视却无语凝噎，30 年后再相见，62 岁的黄旭华，已双鬓染上白霜。

黄旭华隐姓埋名 30 载，默默无闻，寂然无名。

绘制设计图纸

研制核潜艇，是一项融众多科技元素为一体的重大工程。看似一个简单的参数，都要通过上千次的试验来寻找到最适合的数据。

黄旭华作为总工程师，带着科研人员夜以继日地做实验、统计数据、测量参数。有了这些第一手资料，才有可能将设计变成现实。

当研究核潜艇的内部结构时，黄旭华和其他科研人员真是伤透了脑筋。团队中仅黄旭华和其他几人有参与过仿制潜艇的经验，对于核潜艇的内部构造根本没有概念。

"没有概念怕什么？我相信，只要咱们通过推测、论证、综合研讨等方式，一样会把成千上万个零部件的设计图纸绘制出来！"黄旭华给大家鼓气。

果然，经过无数个不眠之夜，核潜艇的设计图纸完成了。

巧的是，就在这个时候，黄旭华的一位朋友从美国带回了一艘"核潜艇"模型，这让科研团队如获至宝。

黄旭华和团队的伙伴们把这个模型反复地组装和拆卸后，惊奇地发现，这艘模型的内部结构和构件，竟然与科研团队设计的图纸高度一致。

"咱们中国人一点儿也不差呀！"

"是呀，是呀，黄总带领咱们走对了路！"

和大家一起下潜艇

1988 年初，南海，风卷着浪涛，汹涌澎湃。一艘核动力潜水艇在这里进行极限深潜试验。这是我国完全自主研发的第一艘核潜艇。

因为试验的风险极大，现场的气氛格外紧张。20 年前，美国一艘核潜艇在进行极限深潜试验时因事故沉没，艇上 100 余人无一生还。

参试人员的心情是复杂的，有人甚至写了近似遗嘱的家书。就在这时候，黄旭华走过来，轻松地笑着对大家说："怕什么？小伙子

们，我和你们一起去！把工作服给我换上！"

"黄总也要去潜艇？"参试的人员顿时有了信心。

"您跟我们一起去，我们就放心啦！"

执行任务的核潜艇像巨鲸一样向深海扎去……100米、200米，海水巨大的压力挤压舰艇，舱内陆续发出令人心惊肉跳的"咔嗒、咔嗒"的声响。为了稳定大家的情绪，黄旭华告诉大家，这声音是高压下舰艇结构相互挤压所发出的，结构变形是正常的，都在设计与控制范围之内。

64岁的黄旭华跟着试验团队随着潜艇下到深海，见证了自己亲手设计的核潜艇抵达水下极限深度、成功完成深潜试验的光辉时刻。他是世界上第一位参与深潜试验的核潜艇总设计师。

一生深潜，光照中华

黄旭华的事迹，被新闻媒体报道是在1995年。全中国人民这才知道，有这样一个可敬的人，一生都在为祖国"深潜"。

2014年，黄旭华被评选为"感动中国"2013年度人物。颁奖词是这样写的："时代到处是惊涛骇浪，你埋下头，甘心做沉默的砥柱；一穷二白的年代，你挺起胸，成为国家最大的财富。你的人生，正如深海中的潜艇，无声，但有无穷的力量。"

2019年国庆节前，黄旭华再次登上人民大会堂领奖台，获颁"共和国勋章"。为国"深潜"的人，必定会迎来祖国和人民的感谢与喝彩。

如今，黄旭华已近期颐之年，但他仍然在为国家的核潜艇建设日夜操劳着。我们祝福这位一生"深潜"、光照中华的老人长寿安康！

邓稼先：中国核武器研制工作的
开拓者和奠基人

邓稼先（1924~1986），中国科学院院士，著名核物理学家，中国核武器研制工作的开拓者和奠基者，为中国核武器、原子武器的研发做出了重要贡献，被称为"两弹元勋"。

"娃娃博士"

邓稼先出生于安徽省怀宁县一个书香门第之家。父亲邓以蛰是我国著名美学家和美术史家，曾担任清华大学、北京大学哲学系教授。

1925年，母亲带邓稼先来到北京。在父亲的指导下，他打下了很好的文化基础。1936年，他考入崇德中学；1945年自西南联合大学毕业，1948年到1950年在美国普渡大学读理论物理。由于学习成绩突出，他不到两年便读满学分，并通过博士论文答辩。那时，他只有26岁，人称"娃娃博士"。

这位取得学位的"娃娃博士"毅然放弃了在美国优越的生活和工作条件，回到了当时一穷二白的中国。1950年10月，邓稼先来到中国科学院近代物理研究所任助理研究员。

在大漠戈壁研究原子弹

1958年秋，钱三强找到邓稼先说，国家要放一个"大炮仗"，征询他是否愿意参加这项必须严格保密的工作。邓稼先义无反顾地答应了，回家对妻子说自己要调动工作，不能再照顾家和孩子，通信也困难。从小受爱国思想熏陶的妻子明白，丈夫肯定是要从事对国家有重大意义的工作，表示坚决支持。从此，邓稼先的名字在刊物和对外联络中消失，他的身影只出现在警卫严格的深院和大漠戈壁。

邓稼先就任二机部第九研究所理论部主任后，先挑选了一批大学生，准备有关俄文资料和原子弹模型。1959 年 6 月，苏联政府终止了原有协议，中共中央下决心自己动手造原子弹和人造卫星。

那天，试验开始了。一颗核弹向空中投放，按计划应在空中爆炸，可是在地面爆炸了，弹片散落在试验区里。工作人员急匆匆来到指挥部找邓稼先，请求批准去找弹片。

"不行！谁也不能去，那样太危险！"邓稼先严厉地说道，"这是个常识，那里有核辐射，会要人命的。"

"可是我们需要找来弹片做研究呀，难道等着它自己走来吗？"

邓稼先笑了笑："谁说等了？我一个人到试验区里找一些弹片回来，不就可以研究了吗？"

"什么？您要一个人去试验区？"众人上前拦着邓稼先。

"你们不要和我争了，这个核弹是我设计的，为了它，哪怕死也是值得的！"

于是，邓稼先冒着生命危险，找到了弹片。他对大家说："同志们，到实验室，咱们马上研究分析！"

1964 年 10 月，中国成功爆炸的第一颗原子弹，就是由邓稼先最后签字确定的设计方案研制成功的。随后，他又同于敏等人投入对氢弹的研究。按照"邓－于方案"，最终制成了氢弹，并于原子

弹爆炸后的两年零八个月试验成功。这同法国用 8 年、美国用 7 年、苏联用 10 年的时间相比，创造了世界上最快的速度。

一枚奖章

1986 年，国务院领导召集全国总工会主席开会。

时任国务院副总理的李鹏说："党中央和国务院决定开展表彰全国劳动模范，这是'七五'期间的一项重要工作，请大家研究讨论一下名单。"

"七五"期间的第一份全国劳模称号的名单经过一番认真的讨论，终于要和大家见面了。排在第一名的就是邓稼先。

颁发这样一个国家级最高荣誉的奖章，当然需要一个庄重的仪式。表彰前，工作人员却报告说："邓稼先来不了了，他身体非常不好，正在住院。"

大家听到这个消息，心情十分沉重。

"邓稼先是为了我们国家的核武器研究累垮身体的，他来不了，我们就去医院里为他颁奖吧！"

这是中国历史值得记忆的一笔。1986 年 7 月 17 日下午，李鹏、罗干、朱光亚、蒋心雄等，驱车前往邓稼先治病的医院。在这样一个特殊的场合，他们向邓稼先颁发了全国劳动模范证书和奖章，以表彰他为中国核武器研究工作和核事业做出的特殊贡献。这枚奖章，也是"七五"期间党中央、国务院授出的第一枚全国劳动模范奖章。

看到这么多领导来到病房，邓稼先非常高兴，也非常激动，他庄重地把奖章戴在胸前，用颤抖的声音和大家说："今天李鹏副总理亲临医院授予我全国劳动模范称号，我感到万分激动。核武器事业是通过成千上万人的努力才取得成功的，我只不过做了应该做的一小部分工作，党和国家就给我这样的荣誉，这足以说明党和国家对尖端事业的重视。我现在虽然患病，但我要顽强地同疾病作斗争，争取早日恢复健康，为国防科研事业再尽一些力量，不辜负党和国家对我的希望。"

就在戴上这枚奖章12天后，1986年7月29日，邓稼先因医治无效，永远离开了这个世界，但是他将永远活在我们的心里。

奉献精神光照千秋

科学家精神有着丰富的内涵，而无私奉献是其中重要的一条。

邓稼先去世后，著名科学家杨振宁曾在悼文中这样写道："邓稼先是中国几千年传统文化所孕育出来的，有最高奉献精神的儿子。"

很多人想知道，当年邓稼先为国家研制原子弹和氢弹获得了多少奖金。杨振宁回忆，当年他询问这个问题时，邓稼先听后，笑了笑，说："有呀，有奖金，原子弹10元，氢弹10元。"

1985年，即邓稼先逝世的前一年，国家为研制原子弹的功臣们颁发了特等奖奖金一万元。大家建议邓稼先多拿一些，而邓稼先笑着摇了摇头，说："咱们研究院里，参与研发的人数很多，大家都有贡献，我建议把这个奖金按照10元、5元、3元三个等级发给同志们！这事就这么定了，不要再商量啦！"

有人问"感动中国"2017年度人物、著名地球物理学家黄大年："您崇拜的偶像是谁？"黄大年说："是邓稼先！看到他，你会知道怎样才能一生无悔，什么才能称为中国脊梁。"

1999年，中华人民共和国成立50周年之际，邓稼先被追授"两弹一星"功勋奖章。2009年，邓稼先被评为"100位新中国成立以来感动中国人物"之一。

顾方舟：中国脊髓灰质炎疫苗之父

顾方舟（1926~2019），病毒学专家，被称为"中国脊髓灰质炎疫苗之父"。2019 年 9 月 17 日，国家主席习近平签署主席令，授予顾方舟"人民科学家"国家荣誉称号。2020 年 5 月 17 日，顾方舟被评为"感动中国"2019 年度人物。

跟着妈妈学医

小时候的顾方舟一直在颠沛流离中生活。他在上海出生不久，父母就把他带回了宁波生活。4 岁那年，父亲不幸去世，他和母亲相依为命，生活过得相当困苦。为了养家糊口，母亲决定只身前往杭州学习现代助产技术。1934 年毕业后，她又带着顾方舟去了天津。

在英租界的一间房子里，母亲的诊所挂牌开业了。她用精湛的技术和热情的服务为孕妇接生。邻居街坊经济上有困难，她接生时都少要或者不要钱。母亲的行为得到了大家的尊重和称赞。

这一切，都被顾方舟看在眼里。耳濡目染中，他也开始对医学产生了浓厚的兴趣。1944 年，18 岁的顾方舟以优异的成绩考入北京大学医学院。1948 年，顾方舟加入中国共产党。

在大学，顾方舟各科成绩都非常优秀，毕业后，获得了前往苏联留学的资格，并成功拿到苏联医学科学院副博士学位。他给母亲写信说："我学到了本领，要马上回到祖国，像您一样，来为老百姓治病。"

小儿麻痹症

新中国成立之初，顾方舟从国外回来了，他被分配到流行病研究所工作。

20世纪50年代的中国，医疗行业比较落后，特别是在农村，缺医少药的现象非常严重。

那个年代的主要传染病有鼠疫、霍乱、天花、血吸虫病等，它们严重地危害着人民的生命健康。党和政府非常重视医疗事业，采取了各种措施来提高人民的健康水平。

1955年，一种人们从来没有见过的病像乌云一样，给众多儿童和家长带来恐慌。这种病最初的症状是发烧、喉咙痛、流鼻涕，大家以为是普通感冒，并没有重视起来。可是谁也没有想到，这并非感冒，严重的后遗症让人们惊讶得不知所措。那些看似感冒的儿童出现了肢体弯曲、瘫痪等症状，死亡人数急剧增加。人们称之为"小儿麻痹症"，它的学名叫"脊髓灰质炎"。

医生的责任感和使命感，让顾方舟像一个战士似的冲到了一线前沿。"为了天下的儿童不再受难，我一定要攻克病魔的难关！"他下定决心。

临危受命

脊髓灰质炎病毒传播得非常快。没多久，绝大多数东部沿海城市都有病例出现，开始向中西部地区扩张。

就在这个时候，顾方舟临危受命，开始进行脊髓灰质炎的研究工作。他马不停蹄地带领科研人员深入基层，从儿童的粪便中成功

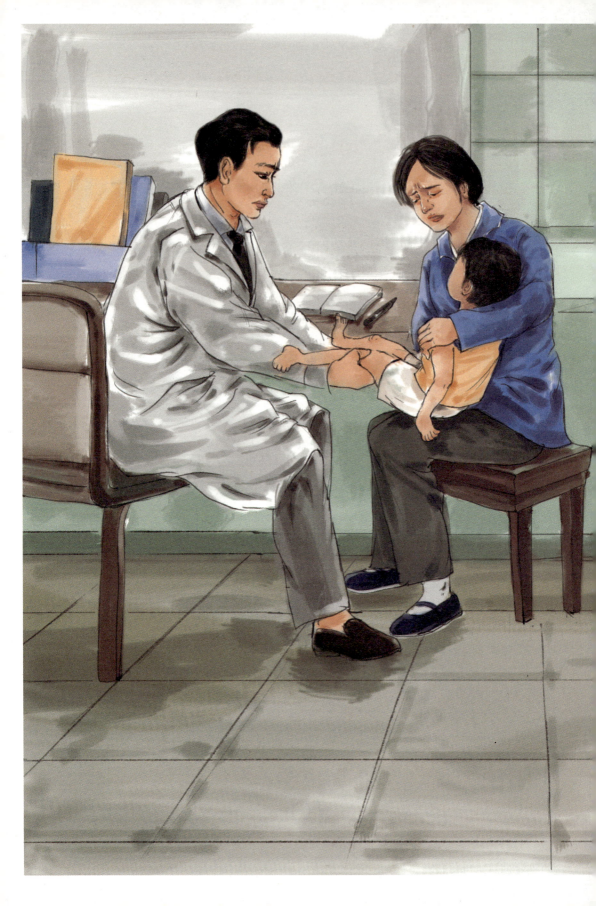

提取脊髓灰质炎病毒，然后开始研发疫苗。

这是一项非常艰巨的工作。无数个日夜，顾方舟连续工作，一个一个地攻下难关。当时，美国和苏联也在进行脊髓灰质炎疫苗的研制，一直在技术上对中国采取封锁的政策。况且，美国疫苗一针的价格比中国工人一个月的工资还要高，老百姓怎么能承担得起呀？

有着强烈民族自尊心的顾方舟，没有被封锁吓倒，他带领团队，在云南建立起疫苗生产基地。为了表决心，顾方舟还将妻儿接到昆明，并让他们加入了当地户口。

用自己的儿子来实验

功夫不负有心人。在顾方舟和团队成员的努力下，他们终于研制出了第一批脊髓灰质炎疫苗。

疫苗有了，有没有效，必须要做一系列的试验。先是在动物，比如白鼠、猴子身上试验成功，接下来还要进行人体试验。

拿人试验？谁来做？此刻，顾方舟第一个站了出来："如果自己研制出来的疫苗自己都不敢喝，凭什么交到成千上万的儿童手里呢？"说完，顾方舟带头，将手中的疫苗一饮而尽。其他科研人员被顾方舟的行为感动，纷纷喝下疫苗，等待试验结果。

一周后，科研人员的身体一切正常，并没有出现不良反应，这是疫苗研制阶段取得的重大成功。但疫苗在成年人身上成功了，并不代表会在儿童身上取得成功。因为相比成年人，儿童自身的免疫力要弱很多。所以，他们还要在儿童身上做疫苗试验。

谁又愿意让自家孩子冒着未知的风险去做这样的试验呢？此刻，

顾方舟再一次站了出来。他瞒着妻子，把自己的孩子抱到了实验室。顾方舟将疫苗缓缓注射到孩子体内。一周过后，孩子身体没有出现任何不良反应，疫苗研制成功了。

大爱暖人间

疫苗研制成功了，顾方舟和他的团队再次展开研发，一款改良版疫苗很快问世。这就是我们熟悉的神奇的糖丸，它的全称是"脊髓灰质炎病毒活疫苗糖丸"。

糖丸疫苗是用奶粉、奶油、葡萄糖等材料作辅剂，将液体疫苗滚入糖中制成的。该疫苗为固体形态，不仅方便运输，同时还不受气温的影响，能够储存很长时间。于是，糖丸走遍了全国各地，成为几代中国人的童年回忆。

2000 年，中国消灭脊髓灰质炎证实报告签字仪式在国家卫生部举行，顾方舟应邀参加。74 岁的他迈着矫健的步伐走进会议大厅，庄重地在报告书上签下了自己的名字，宣布中国成为完全消灭脊髓灰质炎的国家。这是人类历史上继消灭天花后又一项伟大成就。

2019 年，顾方舟在北京去世。临终之际，他对家人说："我一生做了一件事，值得……值得……"

舍己幼，为人之幼，这不是残酷，是医者大仁。为一大事来，成一大事去。功业凝成糖丸一粒，是治病灵丹，更是拳拳赤子心。你就是一座方舟，载着新中国的孩子，渡过病毒的劫难。

这个"感动中国"2019 年度人物组委会给予顾方舟的颁奖词，也是顾老一生的写照。

于敏：为了国家，他隐姓埋名

于敏（1926～2019），核物理学家，国家最高科技奖获得者。1949年毕业于北京大学物理系；1980年当选为中国科学院学部委员（院士），1999年被国家授予"两弹一星"功勋奖章。2019年9月17日，国家主席习近平签署主席令，授予于敏"共和国勋章"。

一藏就是三十年

1960年底，于敏接到紧急通知，匆匆来到北京一座神秘的大楼里。找他谈话的是担任国防科技重要职务的著名科学家钱三强。钱三强告诉于敏，国家有一个重大的项目，是关于氢弹研究的，需要会聚"精兵强将"，经组织研究决定，于敏被选入这个科技研究团队了。

望着窗外飘着的雪花，于敏坚定地说："请您放心，我会尽全力投入到这个艰巨而神圣的工作当中。"

"氢弹技术是所有核大国的最高机密，没有参考借鉴的可能。我们在氢弹上的研究是白手起家。你的所有行动也是保密的，包括你的研究思路和成果也都是国家的最高机密。你以后不能再发表论文，甚至连你的名字和身份都不属于你自己。"说到这儿，钱三强深深地叹了一口气，"正是享受幸福的时候，却要让你做出牺牲……"

"您别说了，我懂！国家的利益高于一切。"于敏的话铿锵有力，像出征前的誓言。从此，他开始了隐姓埋名的生活，一藏就是30年。

与死神擦肩而过

氢弹研究可不是一项容易的工作，充满了难以想象的艰辛与挫折。1969年初，因奔波于北京和大西南之间，也由于沉重的精神压力和过度的劳累，于敏的胃病越来越严重。他疼得汗珠大粒大粒地滴落，同事们劝他回宿舍休息，他摇着头说："你们谁也别拦我，我必须要到现场！"大家实在拗不过他，只好安排一个医生带着急救药品，时刻守候在他身边。

首次地下核试验和大型空爆热试验时，于敏的身体状况十分糟糕，走路都很困难，上台阶要用手帮着抬腿才能慢慢地上去。热试验前，当于敏被同事们拉到小山冈上看火球时，他脸色苍白，气喘吁吁。大家担心极了，赶紧让他就地躺下，给他喂水。过了很长时间，他才慢慢地恢复过来。

1973年，在连续数月极度的疲劳工作后，于敏最终因身体透支而倒在一线，被抬到回北京的列车上。在急诊室输液时，于敏休克在病床上。好在医院有先进的医疗设备和条件，才让他与死神擦肩而过，重返"战场"。

我有"特效安眠药"

于敏是一个乐于助人的人。大家在学术研究等方面遇到了问题，都愿意去请教他。

有人总结，向于敏请教有"三不"：

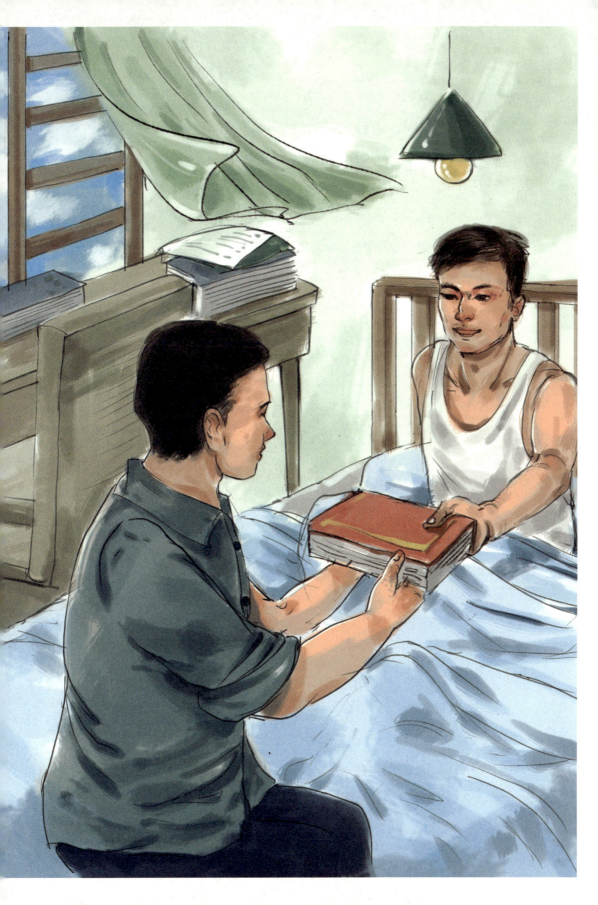

一是不论时间、场合，随时随地可以提问题；

二是不论范围，物理、力学乃至其他相关学科都可以问；

三是不论问题大小难易，一样耐心解答。

在那个特殊的年代里，于敏和团队的其他成员每天都处于紧张繁忙的工作当中。沉重的压力让很多人患上了失眠症。一个年轻同事意外地观察到，无论在何地，于敏都能睡得着。

"于老师，您是怎么入睡的？吃了安眠药？"他忍不住问道。

"是的，我的'药'特好使！"于敏笑着，从枕头底下抽出一本唐诗来，"这就是我的特效'安眠药'，晚上睡不着时，我就靠它了。一边背，一边睡，一边背，一边睡，一会儿就进入梦乡喽。这特效药陪我 30 来年了，非常灵！"

神秘的电话暗号

在祖国大西南的氢弹试验基地，于敏带领团队经过多日攻关，在核材料研究上又有了新的突破。他要把这个消息告诉在北京的邓稼先，并请他赶紧来一趟大西南。

怎么传递消息呢？在那个年代，最便捷的方法就是打电话了。可是关于氢弹研究的任何话题都是国家机密，如果电话内容被窃听了，后果不堪设想。

不过，这点儿困难难不倒于敏，他拨通了邓稼先的电话。他们的通话表面上是闲聊，实质上全是暗号。

于敏说："我们几个人去打了一次猎……打到了一只松鼠。"

邓稼先一下子听出了话外之音："哦，你们是不是美美地吃了一餐野味哟？"

"不，现在还不能把它煮熟……要留做标本……但我们又新奇地发现，它身体结构特别，需要做进一步的解剖研究，可是……我们人手不够。"

"好，我立即赶到你那里去。"邓稼先心领神会。

这样的对话即便被敌人监听了，也无法破译其中的玄机。

这真应了中国的一句古诗，"心有灵犀一点通"。多年来，于敏和邓稼先，在研究氢弹方面默契合作，成为一段佳话。

孙家栋：中国卫星之父

孙家栋，航天工程系统专家，中国科学院院士。我国人造卫星技术和深空探测技术的开创者之一，月球探测一期工程总设计师。2019 年 9 月 17 日，国家主席习近平签署主席令，授予孙家栋"共和国勋章"。

少年立志

孙家栋出生在 1929 年春天。父母对他寄予厚望，给他起名"家栋"。那时候，父亲绝不会想到，儿子不仅仅成了"家之栋梁"，更成了"国之栋梁"。

然而，孙家栋的成长之路并不顺利。

1935 年，刚满 6 周岁的孙家栋上学了。母亲拉着他的手，走进一所小学的大门。

校长是个严厉的老头儿，他看了一眼孙家栋："刚 6 岁就来上学？"

"别看他年龄小，会写不少字呢！"孙家栋的母亲笑着说。

"哦，是吗？写几个字我看看。"校长把纸和笔递了过去。

孙家栋拿起笔就写，他以为能得到校长的夸奖，没想到校长眉头紧皱："你这个孩子怎么是左撇子，我们学校是不能接收的。除非你能用右手写字！"

看到母亲满脸愁容，孙家栋说："这点儿事算什么呀？我一定可以用右手写字！"

一年后，孙家栋真的学会了熟练地使用右手。到营口上学后，他不仅能用右手写字，还可以左右开弓打乒乓球，而且各科成绩都非常优异。

青年求学

1948 年 9 月，孙家栋考上了哈尔滨工业大学，被编在预科班学习俄语。

当时，俄语是重中之重的基础课程。孙家栋如饥似渴，拼命学习，很快成了班上的高才生。

经过严格考试，优中选优，孙家栋顺利过关，带着祖国的重托，奔赴苏联留学，跨进了举世闻名的茹科夫斯基空军工程学院的大门。

这所空军工程学院十分重视学业，在校门最显眼处竖一个光荣榜，凡成绩为"优"者，不仅榜上有名，还张贴照片。孙家栋第一年的成绩便获得全"优"，四寸大的照片贴上了光荣榜。一连六年，他每年成绩都是"优"，光荣榜上的照片也贴了整整 6 年。

在学习期间，有一件事让孙家栋终生难忘。

那是 1957 年 11 月 17 日，正在苏联访问的毛泽东主席接见了留苏的学生。孙家栋亲耳聆听了毛主席讲的令他如痴如醉的话：

世界是你们的，也是我们的，但是归根结底是你们的。你们青年人朝气蓬勃，正在兴旺时期，好像早晨八九点钟的太阳，希望寄托在你们身上。

中年创业

1967 年，38 岁的孙家栋开始迎来人生的第一次辉煌。

他被钱学森点将，调任第一颗人造卫星总设计师，重任在肩，使命辉煌。孙家栋又从基层单位选出了"十八勇士"，开始集体攻关。

不知道经过了多少艰难险阻，不知道熬白了多少科学家的头发，也不知道耗费了多少领导人和科学家的神力，更不知道工人、战士和科学家们总共流了多少汗水、鲜血，1970年4月24日21时35分，我国第一颗卫星终于升空了！

为了我国第一颗"上得去、抓得住、听得到、看得见"的人造地球卫星，作为技术总负责的孙家栋，没日没夜地待在基地研究。

钱学森高兴地说："看来，把孙家栋找来是对了。他确实敢干事，也确实会干事！"

中国的卫星上天，不仅大长了中国人民的志气，也向世界展现了中国人的智慧与气魄。在此之后，由孙家栋主持设计的"实践一号"人造卫星与新的返回式遥感卫星均发射成功，标志着我国航天领域进入了高速发展的阶段。

探月工程

时间到了2004年，中国向全世界宣布：正式启动探月工程。

而探月工程总设计师的重任，又压在了孙家栋的肩上，这一年，他已经是75岁高龄的老人了。他用一生积累的丰富经验和对祖国的忠诚，率领着一支庞大的科研团队，向着新的峰顶攀登。

作为中国月球探测的主要倡导者之一，孙家栋提出了月球探测工程分三个阶段的实施方案，明确了中国月球探测的发展方向、目标和路线图。

为了探月工程，孙家栋养成了"看月亮"的习惯。有好几次，有时是半夜，有时是凌晨，老伴儿醒来发现床上的老头儿不见了，细听房间没有一丝动静，吓得她大喊："老头子，你干什么去了？这深更半夜怎么不睡觉？"

孙家栋看了一眼老伴儿，笑了笑，然后很沉稳地说："你呀，快睡你的觉吧，有什么大惊小怪的！"

"你看什么呢？"

"我还能看什么，我看月亮呗！"

原来，孙家栋夜里起来看到挂在空中的月亮，总会身不由己地到阳台上多看上几眼。他仔细看着月亮慢慢地移动，心里默默琢磨月亮与工程总体技术方案的联系。有时他在窗前一站就是几个小时，折腾得老伴儿也睡不踏实，一会儿要给他披衣服，一会儿要给他搬椅子让他坐在那里看。

老伴儿打趣地问他："月亮真这么好看吗？看够了吗？看出名堂了吗？"

孙家栋笑着回答："月亮当然好看啦，咱们中国人总有一天会登上月亮的！"

犹向苍穹寄深情

2007 年是嫦娥一号卫星发射升空的关键性一年。

这一年，孙家栋马不停蹄地从一个城市飞往另一个城市协调工作，有时候一周内要去多个城市；而这一年的孙家栋，已经是年近80岁的老人了，他还像一个小伙子似的跑来跑去，在发射场指导了5次卫星发射任务，又主持参加了近百个与航天有关的会议。

老伴儿心疼地说："他呀，总是天天跑，穿皮鞋太累，我每年光布鞋就要给他买好几双。"

2007年11月26日，嫦娥一号卫星的第一张月面图发布，同时"嫦娥"顺利传回《歌唱祖国》的旋律，这是我国首次从38万公里外的太空传回歌声，在举国欢庆之际，孙家栋流下了激动的泪水。

"少年勤学，青年担纲，你是国家的栋梁。导弹、卫星、嫦娥、北斗，满天星斗璀璨，写下你的传奇。年过古稀未伏枥，犹向苍穹寄深情。"

这是央视"感动中国"2016年度人物颁奖词，是对孙家栋这位中国人造卫星之父一生奋斗的真实写照。

袁隆平：当代"神农氏"

袁隆平，中国工程院院士，中国杂交水稻研究与发展的开创者，"共和国勋章"获得者，被誉为"杂交水稻之父""当代神农氏"。

我要向神农氏学习

袁隆平的童年是在战乱年代中度过的。

他刚1岁时，日本帝国主义发动了侵略中国的九一八事变。6岁那年，为了躲避战火，父母带着他们几个兄弟搬到了武汉附近的偏僻乡村生活。那个年代，吃了上顿没下顿，是常有的事。

一天上午，袁隆平母亲对孩子们说："今儿天气好，我领你们出去转转！"

袁隆平高兴地拍着手说："是不是带我们去田野拾稻穗？"

母亲笑着说："我会领你们去拾稻穗，我还要带你们去看一个神秘的山洞。"

"什么山洞？"

"到那儿就知道了。"母亲的微笑显得有些神秘。

拾完稻穗，母亲带着几个孩子，沿着弯弯绕绕的山路，来到一个山洞前。

"这个山洞好大啊！"

"看，洞口还站着个人呢！"

"哇，这是个泥塑的人。他是谁呀？"

母亲把一束稻穗恭敬地摆放在这尊泥塑像前，给孩子们讲起了故事："这个山洞叫'神农氏洞'，方圆百里非常有名，相传当年的神农氏就出生在这里。很久很久以前，人类都是靠打猎和采野果为生，不会种庄稼，经常饿肚子。而且，那时候人类不懂医药知识，有了病只能听天由命。这个叫'神农氏'的老祖先，尝百草，创耕耘，教会人们种粮食。所以，人们一直纪念他。"

"妈妈，我要向神农氏学习，让大家都能吃饱饭！"袁隆平坚定地说。

一晃十多年过去了。

即将高中毕业的袁隆平要考大学了，父母问他："你想上什么学校？"

"我要上农学院，像神农氏那样，让人们吃饱饭！"

杂交水稻终于成功了

1953 年，袁隆平从西南农学院毕业后，被分配到湖南安江农校当老师。他一边教书，一边做农业科研。

看着人们饿肚子的痛苦模样，袁隆平心里很难过。他发誓，一定要研究出高产的水稻，让老百姓吃饱肚子！从此，他便下定决心培育杂交水稻，提高水稻产量。

有些科学家认为水稻杂交这条路是行不通的。可是，倔强的袁隆平不认输，他查阅了所有能找到的水稻资料，在试验田里进行了无数次尝试，也经历了无数次失败。

有朋友劝他："算了吧，别浪费时间和精力了。"

袁隆平笑而不语，一转身又钻进了试验田。

一天下午，袁隆平走进试验田，猛然发现一株稻子在阳光下显得格外出众。他拿出放大镜一看，原来是一株水稻变异株。他如获至宝，将它的种子收集起来进行试验。

袁隆平经过多次试验，还是没能培育出高产水稻，但是他没有放弃，依然和助手们一起到处搜寻野生水稻。

1970年，在海南发现的一株花粉败育野生稻成了袁隆平研究杂交水稻的突破口，他给这株水稻取名为"野败"。在反反复复的试验之后，1973年，袁隆平宣布成功培育出籼型杂交水稻三系，水稻杂交优势利用研究取得了重大突破。

成功的背后是袁隆平和团队辛勤的付出。为了寻找合适的日照条件，他们背着足够吃好几个月的腊肉，坐了好几天的火车。在他看来，这样的经历就如同候鸟追着太阳。

稻田"追梦人"

袁隆平在国际上获得过很多大奖，比如联合国知识产权组织颁发的杰出发明家金质奖、联合国教科文组织颁发的科学奖、英国让克基金会颁发的让克奖、联合国粮农组织颁发的"粮食安全保障奖"等。

这样一个成绩卓越的人却根本闲不住。

"我不在家，就在试验田；不在试验田，就在去试验田的路上。"这是袁隆平常说的一句话，带着幽默，却也透出一股倔强的认真劲儿。

袁隆平几乎每天都去稻田，有三件宝贝是不离身的：一个水杯、一袋馒头、一个放大镜。他常常连续几个小时在稻田里用放大镜仔细地观察稻子的生长情况，渴了喝口水，饿了吃口馒头。

2019 年 9 月，在北京接受了"共和国勋章"后，袁隆平对记者说，他有两个梦想：一个叫"禾下乘凉梦"，就是让田里的水稻长得像高粱一样高，稻穗像扫帚一样长，颗粒像玉米一样大，人们累了，可以躺在稻子下面聊天乘凉；另一个是让杂交水稻造福全世界，让全世界的人都能吃饱饭。

英名永世长存

2021 年 5 月 22 日上午，一则消息引起了全国人民的关注：袁隆平因病辞世。人们被震惊了，悲痛的乌云笼罩了天空。时近中午，又有人辟谣："袁隆平还活着呢！"人们多么希望老人家好好的呀。直到下午，新华社沉痛地宣告：袁隆平于当日 13 时 07 分，永远离开了我们。

袁隆平遗体送别仪式格外隆重。人们从四面八方走来，排起长队含泪送袁老，吊唁堂都挤不下了。大街上各种车辆排队鸣笛，送行的群众泪流满面。

袁隆平的朴素形象和感人故事，传遍神州大地的每一个角落。

——他招研究生有一个条件：你下不下田？不下田，我不带。

——他去香港参加国际会议，临行前发现没有领带，跑地摊花十元钱买了一条。

——90 岁那年，出席中非农业合作研讨会，他用英文致辞，一开口就把大家惊呆了。

——他的葬礼上，摆放着一把他心爱的小提琴。

…………

最后，让我们把一位诗人含泪写下的诗句，献给敬爱的袁隆平爷爷——

22号上午 / 曾有一段时间 / 天堂在 / 把你呼唤 / 你却一直 / 坚持到 / 下午1点 / 才合上双眼

是等着看到 / 大家都吃完了午饭 / 你才欣慰地 / 告别人寰 / 从此 / 只要我们 / 一端起饭碗 / 也都会看到你 /

你的天堂里 / 永远有稻田 / 有阳光泥土 / 春风陪伴……

屠呦呦：从"三无教授"到诺贝尔奖获得者

屠呦呦，中国中医科学院首席科学家、终身研究员兼首席研究员，青蒿素研究开发中心主任，博士生导师，诺贝尔生理学或医学奖获得者，"共和国勋章"获得者。

一场病确定了她奋斗的目标

1930 年 12 月 30 日，屠呦呦出生于浙江省宁波市，她是家里 5 个孩子中唯一的女孩儿。

她的名字"呦呦"取自《诗经·小雅》里的一句诗，"呦呦鹿鸣，食野之蒿"，这个名字寄托了父母对她的美好期待。

16 岁那年，屠呦呦突然感觉身体不舒服，周身无力，手足发热，不思饮食，还低烧。父母赶紧带她到医院去检查。

检查结果出来了，屠呦呦患上了肺结核。这种病，在当时是一种很难治愈的重症，被人们称为"痨病"，小说《红楼梦》里的林黛玉就死于这种病。

肺结核极易传染。屠呦呦因此中断了学业。正值青春年华，本应该和伙伴们一起享受学习和生活的快乐，屠呦呦却只能远离人群，默默地与疾病做斗争。

这段患肺结核的经历，在屠呦呦看来，正是她对医药学产生兴趣的起源。

"医药的作用很神奇，我当时就想，如果我学会了，不仅可以让自己远离病痛，还可以救治更多人，何乐而不为呢？"一代药学家的原始起点，就来自这种"治己救人"的朴素愿望。

休学时间长达两年之久，在这期间，屠呦呦也对自己的人生道路进行了认真思考。也许就是这场病，才让她在几年后的高考中，把目标锁定在医学院。

1951 年，屠呦呦考入北京大学医学院药学系。大学 4 年，屠呦呦努力学习，尤其对植物化学、本草学和植物分类学有极大的兴趣，读遍了与之相关的书籍。系统扎实的中医药学知识，为她日后向科学的峰顶攀登打下了牢固的基础。

一棵草挽救了百万生命

大学毕业后，屠呦呦就职于中国中医研究院（现中国中医科学院）。

在所有的研究成果中，屠呦呦最杰出的贡献，就是研制出用于治疗疟疾的药物——青蒿素。当年轻的屠呦呦开始这项研究的时候，她当然不会意识到，在漫长而曲折的研究"抗疟"的道路上，有一顶金光闪闪的王冠在等待她来摘取。

你们知道疟疾是一种什么病吗？

疟疾是人类最大的杀手之一。这种病也称"打摆子"。得了疟疾，会连续高烧，全身乏力，耽误治疗可能会送命。蚊子是传播疟疾的罪魁祸首，但小小的蚊子抓不完、杀不绝。

20 世纪 60 年代，全球疟疾疫情难以控制。当时正值美越交战，在越美军因疟疾减员80多万。美国不惜投入资金、人力，筛选出20多万种化合物，却未能找到理想的对抗疟疾的新药。

我国从1964年重新开始研究对抗疟疾的新药，从中草药中寻求突破是整个工作的主方向，但是，筛选了数千种中草药，也没有任何重要发现。

1969年，39岁的屠呦呦临危受命，出任该项目的科研组长。

她从整理历代医学典籍着手，四处走访老中医，搜集建院以来的有关群众来信，编辑了以640种药物为主的《抗疟单验方集》。然而筛选的大量样品，对抗疟均无好的苗头。她不气馁，对200多种中药的380多种提取物进行筛选，最后将焦点锁定在青蒿上。

青蒿是什么？一年生的草本菊科野生植物，我国各地均可见到。

屠呦呦的目光凝聚在古老的中国智慧上。东晋名医葛洪《肘后备急方》中称："青蒿一握，以水二升渍，绞取汁，尽服之……"这启发了屠呦呦发现青蒿素。但是制药需高温，遇高温，青蒿的有效成分就被破坏了。

怎么办？继续实验，另寻他路。终于，在经历近200次失败后，青蒿素诞生了。这剂新药对鼠疟、猴疟疟原虫的抑制率达到100%。

疟疾，一个肆意摧残人类生命健康的恶魔，被一位中国的女性科学家制伏了。

屠呦呦以百折不挠的拼搏精神在中华科技史上谱写了一部精彩的人生传奇。

一面旗帜引领逐梦者的方向

中央电视台《感动中国》栏目为屠呦呦写的颁奖词是这样的：

"青蒿一握，水二升，浸渍了千多年，直到你出现。为了一个使命，执着于千百次实验。萃取出古老文化的精华，深深植入当代世界，帮人类渡过一劫。呦呦鹿鸣，食野之蒿。今有嘉宾，德音孔昭。"

　　屠呦呦因发现青蒿素获得了2015年诺贝尔生理学或医学奖。在颁奖大会上，屠呦呦说："这不仅是授予我个人的荣誉，也是对全体中国科学家团队的嘉奖和鼓励。"

　　屠呦呦获奖，填补了我国无诺贝尔科学奖的空白。她将中医、中药推向世界，将民族的变成世界的。可以说，屠呦呦是我们中华民族的功勋，她对科学的贡献是卓著的，她让中国人扬眉吐气地站在了世界科学的舞台上。

　　想一想，50多年前的科研条件和环境，多么艰苦。无数次失败的打击，没有让屠呦呦倒下。她不言放弃，执着追求，锲而不舍。

　　屠呦呦又是一个淡泊名利的人，她被称作"三无教授"，即无博士学位、无留洋背景、无院士头衔。但她有一颗爱国的心，有坚强的意志，有为了达到目标奋力拼搏的信念。

　　为了检验药物的效果，屠呦呦甚至亲自口服药物，看药物在自己身上的反应，以保证药物的万无一失，她的肝脏也因此受到了损伤。她牺牲自己的健康，换来了大家的健康，换来了人类的科学进步。

　　屠呦呦是时代的符号，是科学家的优秀代表。屠呦呦更是奋斗者的榜样，她的执着追求是一面旗帜，指引着我们前进的方向。

陈景润：哥德巴赫猜想

陈景润（1933～1996），福建福州人，著名数学家。1980年当选为中国科学院院士，1982年获国家自然科学奖一等奖。

仿佛看到了遥远的目标

1933年，陈景润出生在福建省一个贫苦的家庭，母亲生下他时竟没有奶汁，婴儿时的陈景润是靠向邻居借熬米汤才活过来的。

上小学后，陈景润虽然长得瘦小，可十分用功，成绩很好。这也引起了有钱人家子弟的嫉妒，经常对他拳打脚踢。他打不过那些人，就流着眼泪和妈妈说："我不读书了，我要退学！"妈妈安慰他："你要好好学，长大有出息，他们就不敢欺负咱们了！"

陈景润擦干眼泪，又去做功课了。后来，他以全校第一名的成绩考入福州英华中学。

在高中的课堂上，陈景润第一次听到了"哥德巴赫猜想"这个词。

老师讲完了哥德巴赫猜想的故事，接着说："自然科学的皇后是数学。数学的皇冠是数论。而哥德巴赫猜想，则是皇冠上的明珠。"

接下来，老师又开玩笑地说："我梦见你们中间有一位同学，他不得了，他证明了哥德巴赫猜想。"

第二天，有几个相当用功的学生兴冲冲地给老师送上了答题的

卷子，说自己已经做出来了，能够证明那个德国人的猜想了，而且还可以多方面地证明它呢。

老师连看都没看那些卷子，瞅着大家："有那么容易吗？你们是想骑着自行车到月球上去。"

教室里一阵哄堂大笑。唯独陈景润没有笑。他皱着眉头，朝远方望去。那一刻，他被排除在这一切欢乐之外。也就是从那一刻开始，他对自己的人生有了重新的思考。他仿佛看到了遥远的目标。

华罗庚慧眼识才

1950年，陈景润考入厦门大学数理系。毕业后，他被分配至北京市第四中学任教。

走上讲台的陈景润显得特别拘谨，他说话有强烈的福建地方口音。尽管他满腹数学知识，可和学生们沟通却很困难。他上课的时候学生们不是吵闹，就是趴在桌上睡觉。

学校领导找到陈景润："你得学好普通话呀，不然怎么讲课呢？"

陈景润依然操着浓重的福建口音说："改不了哟。"

最后，学校本着对教学负责的精神，将陈景润调离四中，另行安排。理由是陈景润口齿不清，不适合教学，加上他身体不好，只能被"停职回乡养病"。

1954年，陈景润离开北京。后来，他进入厦门大学当资料员。

资料员的任务不重，他有大量的时间，同时研究数论，对组合数学与现代经济管理、科学实验、尖端技术、人类生活的密切关系等问题也作了研究。

在厦门大学，陈景润发表了一篇数学方面的论文，论文的题目是《塔内问题》，用大量的研究成果对华罗庚在《堆垒素数论》中的结果质疑和改进。华罗庚是中国的数学泰斗，他看到这篇论文后十分惊喜，认定作者肯定是一个非凡之人，一打听，才知道作者陈景润是一位20出头的青年。

"这是一个人才呀！应该邀请他到北京来。"

1957年9月，由于华罗庚教授的重视和推荐，陈景润被调入中国科学院数学研究所。

攀登数学高峰

在数学研究所，他像一条鱼畅游在数学的海洋里，他的才华也如蓓蕾般一朵朵地绽放了。在浩瀚的数学天地里，有许多难题，别人都绕着走，陈景润却充满了好奇和兴趣。比如，圆内整点问题、球内整点问题、华林问题、三维除数问题等，他都改进了中外数学家的结果。

单是这些成果就很了不起了，但陈景润并没有满足。

他依然清晰地记得在高中的课堂上数学老师提出的猜想。于是，他养精蓄锐，备好行装，以惊人的顽强毅力，开始向哥德巴赫猜想的峰顶攀登了。

陈景润究竟吃了多少苦，没有人能讲清。人们只知道，他废寝忘食，每天都在进行大量的运算。那时候，没有计算机，他计算靠的是笔和纸。他用过的演算纸，堆起来可以用麻袋来装。那上面的一笔一画，都饱含他的心血。他很累，却不觉得辛苦。相反，他很快乐，很满足。

他搞数学总是全心全意投入。有一次，他走路时在思索一个难题，结果撞在了树上，还问是谁撞了他。路过的人还以为他是一个"呆子"呢。

终于，他付出的汗水，浇灌出了数学绚丽的花朵。

1973 年，陈景润在《中国科学》发表了"1+2"的详细证明，并改进了 1966 年宣布的数值结果，立即在国际数学界引起了轰动，被公认为是对哥德巴赫猜想研究的重大贡献，是筛法理论的光辉顶点。

他的这一成果被国际数学界称为"陈氏定理"，写进许多国家的数论书中。这项工作还使他与王元、潘承洞在 1978 年共同获得了中国自然科学奖一等奖。

1978 年 1 月的《人民文学》发表了著名作家徐迟的报告文学，题为《哥德巴赫猜想》，写的就是数学家陈景润攻克世界著名数学难题的故事。文章以充满诗意的语言，介绍了陈景润如何与"哥德巴赫猜想"结下了不解之缘，以及他在受到不公正待遇时，怎样埋头钻研数学，终于完成了被国际数学界所公认的"陈氏定理"的细节。这篇文笔优美的报告文学发表后，轰动全国，引起了强烈的反响。当时的《光明日报》只有四个版，却拿出了两个半版面的篇幅，从头版整版开始，转载了这篇报告文学。

由此，陈景润的名字被更多的人知道了。

有了幸福的家

1975 年 1 月，陈景润当选为第四届全国人大代表，他的居住条件和医疗条件都得到了改善。

1978 年，陈景润应邀参加全国科学大会，邓小平同志亲切地接见了他。当时陈景润身体不太好，邓小平同志关怀备至。会议结束后，陈景润被送入北京解放军 309 医院高干病房。

就是在 309 医院里，陈景润认识了从武汉军区派到 309 医院进修的女军医由昆。由昆也十分关心这位数学家。两人相处时间久了，彼此产生了爱慕之情。后来，在组织的帮助下，他们结婚了。这位被称为"痴人""怪人"的数学家有了一个温暖的家和可爱的孩子。儿子"陈由伟"的名字是陈景润起的。"陈由"是他与夫人各自的姓，"伟"则是希望儿子对人类有伟大贡献。

由于积劳成疾，1996 年，年仅 63 岁的陈景润在北京去世了。他的去世是中国数学界也是科技界的一大损失。

2009 年 9 月 14 日，陈景润被评为 100 位新中国成立以来"感动中国"人物之一。2018 年 12 月 18 日，党中央、国务院授予陈景润同志"改革先锋"称号，颁授"改革先锋"奖章，并获评激励青年勇攀科学高峰的典范。

钟南山："共和国勋章"获得者

钟南山，中国工程院院士。长期致力于重大呼吸道传染病及慢性呼吸系统疾病的研究、预防与治疗，成果丰硕，实绩突出。2020年8月11日，国家主席习近平签署主席令，授予钟南山"共和国勋章"。

馒头留给小白鼠

童年的钟南山，对小动物很好奇。

一天傍晚，钟南山正在写作业，忽然听到父亲的书房里传来一阵小动物的叫声。"咦，这是什么？"他蹑手蹑脚地走过去，扒着门缝朝里面看。

父亲发现门外的钟南山，笑着对他说："进来吧！"

走进父亲的书房，钟南山看见一个大纸箱里有好几只小白鼠。显然，刚才自己听到的"吱吱"的声音，是它们发出来的。

"爸爸，这是什么东西？"

"小白鼠呀！"

"小白鼠？哪儿来的？"

"买来的呀！"

"买这些小白鼠做什么？能吃吗？像以前咱们家买的鱼呀鸡呀的吗？"

父亲笑了，说："这些小白鼠可不是用来吃的，是用来做实

验的。"

看到儿子对小白鼠有如此强烈的好奇心，父亲停下手里的工作，给他讲起了科学实验。

"你看，这些小白鼠可是大有用途，它们是我们进行科学实验离不开的小宝贝呢。"父亲指着小白鼠对钟南山说。

"科学实验？小白鼠有什么用途呀？"

"用途很广呀，小白鼠在人类的医疗、遗传、生物制品等各方面的科学研究中发挥了难以替代的作用。"父亲说。

…………

吃晚饭的时间到了。

钟南山吃了一半，就把筷子放下来。母亲问他："怎么了，是肚子不舒服，还是饭菜不可口？"

钟南山摇了摇头，说："不是，这个馒头我想留给那些小白鼠吃。"

运动健将

1955 年，钟南山走进北京医学院（现北京大学医学部）的大门。

他专业课学得好，体育更是优秀。大二那年，北京市举办高校运动会，这是一个高手云集的擂台，钟南山报名了。他是代表北医参加的。在这次运动会上，钟南山崭露头角，获得了 400 米跑冠军，这在当时引起了不小的轰动。钟南山的名字，被北医的师生们骄傲地挂在嘴边。

更大的轰动，是在 1959 年第一届全运会上，钟南山获得了 400

米栏的冠军。

赛前，他被抽调到北京市集训队，参加第一届全运会。经过几个月的集训，钟南山的体育技能得到了飞跃式的进步，他参加的一项比赛是 400 米栏。

当钟南山站在 400 米栏的跑道上时，数万名观众的眼睛在注视着他。

发令枪响了。

钟南山像离弦的箭，猛地射了出去。

钟南山表现得非常出色，他以极专业的动作，把十个栏一一甩在身后，然后直冲终点，打破了当时的全国纪录。

知道什么叫男子十项全能吗？

男子十项全能，是田径运动中全能运动项目的一种，是由 100 米跑、跳远、铅球、跳高、400 米跑、110 米跨栏、铁饼、撑竿跳高、标枪、1500 米跑十个项目组成的综合性男子比赛项目。要参加这个比赛，十项里的任一项，都必须达到相当高的水平。

1961 年，钟南山参加了北京市运动会，还拿到了男子十项全能的亚军。

十项全能的亚军，真是太了不起啦！

以身试法

20 世纪 80 年代，钟南山获得了一次出国进修的机会，在英国一所著名的医学院学习。为了钻研学习医学知识，钟南山真的是拼了。

刚到这里时，该院呼吸系主任弗兰里教授的来信给他当头浇了一盆冷水。钟南山夜不能寐，浮想联翩。他激愤地在日记中写道："振作起来，争口气，回去见'江南父老'。"

他来到实验室，发现这里有许多新仪器是自己没见过的。有一台血液气体平衡仪，由于测量不够准确，已有大半年未使用。钟南山从自己身上先后抽了600毫升血，做了近30次实验，终于把这台仪器校正好了。这一举动改变了原来对他冷眼旁观的人对他的态度。

在进行"一氧化碳对人体影响"的课题研究时，钟南山想尽了办法。为了取得第一手数据，他决定"以身试法"。

钟南山自己吸入一氧化碳，然后让护士帮他抽血测定血液中一氧化碳的浓度，并逐渐把一氧化碳的浓度提高。当一氧化碳的浓度达到15%时，钟南山尽管极力地克制自己，但还是感到头昏脑涨。旁边的同事看到这个情景，害怕了，说："停止吧！快停下来吧！"钟南山摇了摇头，坚决要求继续吸入一氧化碳，直至血液中一氧化碳的含量达到22%，这是他预定的一个指标。

最终，钟南山的实验取得了满意的效果，不但证实了弗兰里教授的一个演算公式，还发现了他推导过程中的不完整性。

把重症病人都送到我这里来

在2003年抗击非典的激战中，钟南山就留下了许多感人的故事。

非典来袭，情况紧急。

钟南山在医院里连续作战，没有时间休息。因为持续的神经紧绷，38小时连轴转的高强度工作，那天，钟南山在检查完病房之后，突然感到天旋地转、身体无力、手脚发烫。身体素质向来好的钟南山鼓励自己一定坚持住："不能倒下，坚决要挺住：我是所长呀，这里离不开我的。"

几天后，身体刚刚好转的钟南山又走进了广东省卫生厅。

领导看着钟南山，问："你有事需要厅里解决？"

"有！"

"什么事？"

"现在非典的病人比较多，我有一个请求，请把重症病人都送到我这里来！"

67 岁的钟南山声音不高，却坚定有力。"把重症病人都送到我这里来！"这就是担当。

以钟南山为组长的攻关小组成立了，他们找到了一套行之有效的救治方法，救助了无数个生命垂危的患者，创造了医学界的奇迹。

荣获"共和国勋章"

2020 年 9 月 8 日，全国抗击新冠疫情表彰大会在人民大会堂召开。在这个庄严的时刻、庄严的地点，钟南山接受了党和国家授予他的最高荣誉——"共和国勋章"。

庄严的乐曲回荡在礼堂中，在礼兵的引领下，习近平总书记向"共和国勋章"获得者钟南山颁授勋章，肯定其做出的杰出贡献。

钟南山走上讲台，发表了热情洋溢的演讲。

多难兴邦，民族脊梁！钟南山作为 2020 年度"共和国勋章"的唯一获得者，他珍惜这份荣誉，愿为全民族的健康而努力奋斗。

王选：当代毕昇

王选（1937～2006），江苏无锡人，计算机文字信息处理专家，计算机汉字激光照排技术创始人，当代中国印刷业革命的先行者，被称为"汉字激光照排系统之父"，被誉为"有市场眼光的科学家"。2018年被授予"改革先锋"称号。2019年被评选为"最美奋斗者"。

无悔的选择

王选曾说"人如其名"，自己的一生都在"选"。

少年时期的王选是一个品学兼优的好学生。1954年，17岁的他参加高考，做出了人生的第一个选择——报考北京大学。

不出所料，迎着秋日的艳阳，他走进了北京大学的校门，进入数学力学系。大二开始分专业，好多同学都选择了数学专业，王选却在犹豫。

"我想报另一个专业。"王选对同学们说。

"什么专业都不如数学专业呀，你还犹豫什么呢？"

"我要报计算机数学。"

"计算机数学？"同学们都在摇头，"跟计算机打交道很枯燥的，没意思。"

"我就认准计算机数学了！"

同学们都笑了，他们一定没有想到，眼前这个被他们认为选错了专业的人，后来竟然成为闻名海内外的计算机文字信息处理专家、当代中国印刷业革命的先行者。

拼命三郎

1958 年，北大开始自行研制每秒定点运算 1 万次的"红旗机"。

王选当时刚从北大计算机数学专业毕业，留校工作，他参加了"红旗机"的逻辑设计和整机调试工作，这项工作充满了挑战，劳动量非常大，一般人难以忍受。

"王选，该吃饭了，食堂一会儿关门了。"伙伴们关心地说。

他还在埋头工作，忘掉吃饭是经常的事情。

"王选，这都几点了，你还不回去睡觉啊？"

"手里这点活儿没干完，我睡不着。"王选连头都不抬。

那段时间里，他每天都工作 14 个小时以上，最紧张的时候，40 个小时都不曾合眼，被大家称为"拼命三郎"。

终于，王选累倒了。

过度的疲劳和饥饿，摧垮了他的身体，他连续几天低烧不退，胸闷憋气，不得不回到上海治病。

治疗期间，王选心思仍然在工作上，他一边坚持阅读科技文献，一边请师姐陈堃銶帮忙。陈堃銶比王选高一届，毕业后留在北大数学系工作。她给王选寄来了美国计算机学会的权威杂志，两人互相鼓励，交流信息。

待身体稍稍恢复健康后，王选立刻返回北大校园，和同事继续研制计算机语言编译系统。

还是自己动手好

1975年，王选开始在激光照排技术这条艰难而曲折的道路上探索了。

那时候，王选每月只有四十几元的收入，除了买书和必要的生活花销外，其他钱能省就省，能不花就不花。

搞研究就要去情报所查资料，路途远就得坐公交车。

有熟人见王选提前一站下了车，就问："咦？你是不是下错站了？"

王选不好意思地说："少坐一站能省5分钱呢。"

情报所的好多资料都需要收集。他不复印，而是拿着笔记本抄写："我抄一遍，一是为了省钱，二是能加强自己的记忆和理解，办事情还是自己动手好。"

王选自己这一动手，就从1975年干到了1993年春节，做了差不多18年。其间没有任何节假日，每天从早晨一直干到晚上。

数字存储结硕果

汉字呈现在屏幕上，是需要科技来支撑的。

用激光束扫描，有一个很大的难题，就是激光扫描精度很高，不同的字有不同的点阵。中文需要上千亿字节的存储量。对26个英文字母来说不存在这个问题，但对两万汉字来说这是非常突出的问题。

困难吓不倒王选，他有扎实的数学基础，又有软硬件兼修的背景，克服了一个个难关。

第一个难关，是计算机存储。

王选经过多年实践，得出了模拟存储没有前途的结论，必须采用"数字存储"的技术途径。这是王选研制照排项目的一个重大突破，他针对汉字字数、字体繁多等技术难点，发明了世界首创的用轮廓加参数描述汉字字形的信息压缩技术，一举解决了汉字字形信息的计算机存储这一难题。

接下来，还有第二个难关——采用什么样的输出方案，将压缩后的汉字信息高速、高质量地还原和输出，这是照排系统的关键。

研究了大量资料后，王选做出研制照排系统的第二个重要决策：跨过当时流行的二代机和三代机，直接研制世界上尚无成品的第四代激光照排系统。

经过几十次试验，喜讯传来，王选的科研团队终于在1979年排印出第一张报纸样张，1980年排印出第一本样书《伍豪之剑》，这标志着激光照排技术取得了重大成果。

1981年，在中国的科技界传扬着这样一个激动人心的消息：中国首台计算机——激光汉字编辑排版系统原理性样机通过部级鉴定。

最后的时光，超越生命

2000年，在一次体检中，王选被查出患有肺癌。

面对病魔，他没有丝毫的畏惧，仍像当年攻克科研难关那样，顽强地与疾病斗争，继续做一些力所能及的事情。

从被确诊癌症到去世的1941个日子里，王选经历了化疗、放疗、热疗。在这种情况下，他参加了300多次活动和会议，撰写了数十篇文章，超过万字。

2002 年，王选获得国家最高科学技术奖。

同年 8 月，他开始撰写《阅读文献的习惯使我终生受益》一文，结合自己取得科研成功的经历，对阅读科研文献的重要性和方法进行了总结阐述。当时他的肺部做了大手术，这篇 3000 字的文章他写一会儿，歇一下，几天才完成。

2006 年 2 月 13 日，病魔残忍地夺走了王选的生命，他生命的年轮在 70 岁画上了句号。

"献身科学就没有权利再像普通人那样生活，必然会失掉常人所能享受的不少乐趣，但也会得到常人所享受不到的很多乐趣。"

这句话是王选科研人生的真实写照。

告别铅与火，跨入光与电。"当代毕昇"王选做出的卓越贡献将永存史册，光照人间。

杨利伟：航天英雄

杨利伟，中国人民解放军少将军衔，特级航天员。现任第十三届全国政协委员、中国载人航天工程副总设计师。历任中国航天员科研训练中心副主任，载人航天工程航天员系统副总指挥，中央候补委员。

举世瞩目的出征

历史将永远记住这一天：2003 年 10 月 15 日。

地点：甘肃省酒泉卫星发射中心航天员公寓问天阁广场。

深秋的大漠，寒意袭人，但是凌晨 5 时，问天阁广场上站满了送行的人。和航天员朝夕相处的教练、专家们来了，举着鲜艳花束的少先队来了，捧着乐器的军乐队员来了，穿着鲜艳民族服装的少女来了……大家怀着无比激动的心情和一个共同的期待，为英雄送行。

5 时 28 分，杨利伟穿着乳白色的航天服，迈着从容稳健的步伐，向中国载人航天工程指挥部总指挥李继耐走去。

"总指挥同志，我奉命执行首次载人飞船飞行任务，准备完毕，待命出征，请指示。中国人民解放军航天员大队航天员杨利伟。"

"出发！"

我现在感觉很好

9 时，飞船起飞了，飞向了太空。

从这一刻起，杨利伟成了浩瀚太空迎来的第一位中国访客。

从飞船的舷窗往外望去，杨利伟看到了深邃而美丽的太空。他激动地告诉大家："我看到美丽的太空了，我现在感觉很好。"

就在杨利伟乘坐的飞船冲向云霄后的 9 时 42 分，中国载人航天工程指挥部总指挥李继耐宣布："神舟"五号载人飞船发射成功。

杨利伟不知道，在飞船按照规定的程序顺利进入轨道，他在太空中遨游的时候，地面上的指挥控制大厅内一片沸腾。这是中国进行的首次载人航天飞行，也是长征系列火箭的第 71 次发射。

预定 21 个小时的太空之旅，意味着被誉为"火箭故乡"的中国已成为世界上第三个能够独立开展载人航天活动的国家。

睡了一个太空觉

飞船沿着既定的轨道在太空飞着。杨利伟觉得自己的眼皮有些沉，他认真地检查了一下应该完成的各种规定科目后，才闭上双眼，进入甜甜的梦乡。

杨利伟的睡觉是任务，他的睡觉时间早在地面时就已经安排好了。飞船上没有床，没有被子，也没有枕头，只有一个睡袋，将睡袋挂在舱壁上，钻进去，拉上拉链就可以睡觉了。睡觉一般不安排在需要航天员向地面飞控中心报告和配合工作的时段。在这次飞行中，杨利伟有两次睡觉的时间。

杨利伟在太空睡着了，他睡得很香。

从梦中醒来后，杨利伟觉得肚子有些饿，开始享用太空美食。他的太空美食有着浓郁的中国特色。他丝毫不用担心垃圾的处理，因为飞船上安装了类似吸尘器的残渣收集器。对于航天员的便溺物，飞船上也有专门的收集处理装置进行处理。

向世界各国人民问候

飞船在飞行。

杨利伟把目光又一次投向窗外。舷窗外，阳光把飞船的太阳帆板照得格外明亮。下边就是人类的美丽家园。他太喜欢从这个角度欣赏自己的家园了。蔚蓝色的地球披着淡淡的云层，像一个少女披着美丽的白纱，长长的海岸线在大陆和海洋间清晰可辨，像一条亮亮的项链。

能看到长城吗？杨利伟努力地寻找着，他曾在媒体上看到过这样的报道，说在太空中唯一能看见地球上人为的建筑物就是长城。现在他来到了太空，却怎么都看不见。在太空中是不会看到长城的，那只是一种浪漫的希望和想象。

飞船绕着地球飞行一圈的时间是 90 分钟。你可以想象一下，90 分钟，也就是一个半小时，两节课左右的时间，杨利伟就乘着飞船绕地球转一圈了。

飞到第七圈时，杨利伟按照事先设定的程序，在太空中展开了两面小旗。这是他从地面带到太空中的旗帜，一面是印有五颗星星的中国国旗，另一面是联合国的旗帜。

与此同时，一个浑厚的男中音从太空传到了地球上，所有的电视观众都听到了一个中国人从遥远的太空发出的亲切的问候——"向世界各国人民问好，向在太空中工作的同行们问好，向祖国人民、港澳同胞、台湾同胞、海外侨胞问好！感谢祖国人民的关怀。"

写出有温度的故事

董恒波

写科学家故事之前，我刚完成了一本童话书创作，从虚构的天马行空的文学想象，突然切换到真实的人物写作，多少有些不大适应。

小时候，我就对科学家无比敬重，他们是对国家有大贡献的人，是我的偶像和榜样，我崇拜他们，也梦想长大后成为科学家那样的人。没想到，我没当上科学家，却荣幸地来写我敬仰的科学家，真心感谢给我这个机会的文心出版社。

我对这个题材的重视，超过了以往的任何写作。

虽然我曾读过好多有关科学家的传记类图书，但要完成这本书的写作，我感觉自己的知识储备远远不够。于是，我开始跑图书馆、上网查有关资料。我特意在墙壁上贴了一大张书中人物与大事件的表格，标注的年代力求精确无误。我还把能搜到的科学家照片下载到电脑桌面，这样，我就可以与大师们面对面交谈了。终于，我有了自信心。自信心是科学家们给我的，我要努力创造出一种驾轻就熟的语感，将我的读者引入迷人的故事语境之中。

写这本书，我是认真的。

我写的是故事，不是人物的传记。可以说，每一个科学家的经历都富有传奇色彩，一本书甚至几本书也不一定写得完。按着这本书的体例设计，我选择每个科学家最有代表性的四五个小故事，如同在浩瀚大海中摘取几朵独具特色的浪花。

写故事要具备浓厚的感情，还要有符合故事的情节，诸如时间、地点、人物。我以为，要把故事讲好，除了作者要有正确的价值观、时代感外，还要力争把故事讲得有趣味。故事是事实，也是艺术，来源于生活，也可高于生活。

我坚持的原则是：大事不虚，小事不拘。

每一位科学家的生平履历、创造的科学成果，以及与他们有关联的人物等，这些"硬件"必须是真实的，是经得起推敲的。而作者在叙述或描写这些时，应该给予创作上的自由想象和艺术上的创造空间，使用的语言、讲述故事的方法，应该有文学性，有诗意的表达，有哲学意义上的思考与总结。

我力求让自己写的故事有画面感，这一点很重要，有了画面感，就能调动读者的阅读兴趣，收到满意的艺术效果。

这本书里的部分篇章，我曾利用去学校的机会，给小读者们讲过。经验告诉我，现在好多人并不喜欢听大道理，而喜欢听故事。为什么呢？因为故事比道理更真实、更有温度。

当你开始讲故事时，就与读者或者倾听者建立了一种亲密的关系。优秀的作家应该是一个优秀的讲述者，让你的受众喜欢你，喜欢你津津有味的讲述。这时，你可以通过故事穿插一些道理，他们都会接受的。

如果说你喜欢这本书中的故事，并不是我写得多么好，而是故事中的科学家事迹感人。我在写作的时候，常常不由得眼里浸出泪水，心情久久不能平静。直到将书稿上交好多天后，我也走不出与科学家们心灵交融的思绪。

科学家们影响了中国，也感动了中国，当然，也一定会感动这本书的每一个读者。

书写完了，我对自己的思索做个小结：这些科学家创造的科技成果各有不同，桃红李白，各有千秋，但他们的身上又有很多相同之处。

比如，他们都有着强烈的家国情怀、爱国精神；他们勇攀科技高峰，敢为人先，求实创新；他们淡泊名利，团结协作，甘为人梯……这就是科学家精神。

伟大的科学家精神是中国共产党精神谱系中的重要组成部分。在中华民族的伟大进程中，正是因为有了一代代科学家的不懈努力，有了他们独特的精神品质和发明创造，我们才能昂首挺胸，屹立于世界的东方。

我想，我们的读者在读过这本书后，肯定会从故事背后，悟到这样一个道理。

如果真是这样，我付出的所有心血和劳动，都是值得的。

谢谢啦！

（注：书中部分地名或学校名称遵循当时叫法，不再一一标注今日叫法。）